Perfectly Imperfect Women

Perfectly

Imperfect

W o m e n

Perfectly Imperfect Women

不夠好也可以

女人的趣味

鄧
惠
文

suncolor
三采文化

目錄

II 愛人之間奇怪的名詞

III 做姊妹的道理

IV 不夠好也可以

V 時尚心情

（序）好是什麼？

本書的文章原本是為了時尚雜誌的讀者而寫，主題是女人關心的事。老實說，我自己看雜誌的時候是想要放鬆的時候，但女人關心的事都很複雜，例如跟伴侶的問題、自我的矛盾等等，要在短小的篇幅中擊中主題的核心，風格又要輕盈，結果對我而言變成一件不太輕鬆的事，每幾個月就興起辭職的念頭。

不過，熬著熬著也寫了這麼多篇了。

這樣的作者序似乎有點好笑。出版社總編可能會皺眉頭。一般好像應該用各種直接間接的方法說：「我推出了不錯的作品唷！請大家一同賞味吧！」

其實，若不是想要符合各種期待，就可以比較輕鬆吧。

本來我也想跟正常的作者們一樣，把這些感受偷偷藏在心裡，誰知出版社同仁在閱讀所有篇章後，竟然以幾十票的壓倒性結果，票選出其中一篇篇名當作書名——不夠好也可以。好可怕的讀心術啊！好像精神分析師給了一個穿透的詮釋。

不夠好，可不可以？

我不知道。最近我一直在問自己。難道，大家也一樣被這句話打動嗎？

「好」是什麼？

「好本謂女子。引伸　凡美之偁。凡物之好惡、引伸　人情之好惡。」——段玉裁《說文解字注》

這「好」，包括物質層面，包括精神層面，也包括人情，包括美。是女人攬在身上、扛在心上，很難自外的所有理想。無論如何追求外在的自由，無數女人仍然呼應著集體的陰性原型，不只是為自身，也希冀帶給身邊的人美好。

我想這是永遠不會消失的追求。然而，正因如此，我們更需要從反面觀看：不夠好，不夠女人也可以。如此的心理空間，讓自己從單向的執著中獲得轉圜。追求完美的人不僅自己壓力大，也常帶給周邊的人壓力，例如，不容許伴侶不夠好。交互作用下，反而失去了美好的初衷。

這本風格不同與以往的作品，女人的思維與趣味，在這樣的心境與有意義的巧合下集結誕生。

衷心感謝美麗佳人和名牌誌，三采出版社的同仁，以及支持我的讀者們！

鄧惠文

2016.9.5

I

男人女人 都在演化

愛情的歷史、信仰及其他

他並沒有移除那個曾經用來供奉她的座席，
而是以一樣的奢華規格，換給別人坐。

愛看羅曼史的她說：「比任何號稱療癒的書都還要療癒。我的生活完全平淡無奇，只有在小說中可以確定我的心還會跳。」

其實，這樣沒什麼不好。有人沒辦法看愛情小說，不只是小說，韓劇、日劇、或是澎湃一點的電影，都看不下去。因為自己的感情已經夠煩的，如果有一小時可以休息，最不希望的就是有任何東西讓人想起愛情。

沒想到，生活平淡的女子，因為一個輾轉看見的訊息而心律不整起來，連羅曼史都看不下去了。

「不久前，大學時認識的男生，現在當然不是男生而是大叔了，終於結婚了。」

「人都要結婚的嘛，妳自己也結婚多年啦！難道還想佔著位置？這樣沒有公德心喔！」

「不不。結婚不是問題。可是，他貼了一張照片，朋友誇他們夫妻看起來年輕、像大學生，他竟然回覆說，『是啊，從大學等到現在。』」

喔喔！糟糕。大家都知道，大學時她才是他的女神啊！

至少她一直這樣以為。不管遇到什麼愛情的挫折，感覺快要腐爛時，只要想起他眼中映照的、完美的自己，就能重拾信心，相信自己應該追求更好的人生。

如果說大學時他心中等待的不是她而是現在的老婆，真的很困擾。「難道我一直活在不實的幻想中嗎？」但當時他的信件、對話、為她所做的事，都仍有跡可考。最可怕的是，這種像鋼筋一樣打入地基、作為支柱的信念，突然被說是不存在的，如此自己有一部分也頓時消失了，像被抽空一樣地舉止失措。

或者，一切都曾是事實，只是歷史被篡改了？

歷史是人寫的，當然可以竄改。現在，她能夠討價還價的，只剩下竄改歷史的嚴重程度。被篡改的只是對外的表述，還是連他內心的意識也移動了？

其實他沒有忘記大學時膜拜的女神，但為了對老婆示愛，所以說出這種話？或者，從愛上老婆開始，他已經把她的位置移除？甚至更糟，他並沒有移除那個曾經用來供奉她的座席，而是以一樣的奢華規格，換給別人坐。

後兩者有差別嗎？當然有。被全心供奉過的才會明瞭的細微差異。「我不再信仰女神」而跑出神殿，跟「我改信別的女神」而把原來的女神抓起來丟到殿外，恭恭敬敬地請入新女神，非常地不一樣啊！

我們在憂思中哀悼愛情脆弱易變的歷史。心跳稍微恢復正常的數日之後，她發現自己第一次對於丈夫的心思感到好奇。他也信仰過女神嗎？

始終讓她安心坐臥，丈夫給她的位置，就像好穿到讓人忘了有穿的鞋。之前有別人使用嗎？那是全新為她打造的，在他們的關係中建立的，還是他曾經以一樣的傾慕與熱情，忠誠擁戴著其他的女神？

舊的歷史因為被篡改而闔上扉頁，不會再延續。她終於被迫將目光移至所處的現下。也許這對她不是壞事。也許她才是一直在心裡保留一個位子的人——給大學時那個他的位子。對於現實，她一直活得若即若離，依附著「無論如何只要去找他就會被修好」的信念。

在愛情的奧林帕斯，女神或信徒，誰才是真正主宰另一方的統治者？

消失的男主角

懶得猜，直接說，討厭裝模作樣。久了，
猜人心思的能力和膽識也會退化的。

回到以前工作的單位參加春酒，聽前輩演講，提到職場邏輯的今昔。「在我們那個年代，如果有一群員工，七嘴八舌地吵著無法排出班表，『我已經九班了！』『那難道我是石斑嗎？』之類的，這時有位大老過來，咳咳兩聲，低沉地說：『這麼難解決？把我排進去！』接著大家就會驚慌失措，發抖地說：『對不起驚動主任』『沒事沒事！我們只是在調時間啦』『我還可以再加班的』『對啊對啊！我也可以』，然後事情一下就解決了。」

聽眾大笑。前輩接著說，「現在啊，如果組員班排不出來，主任走過來說『把我排進去』……」話還沒說完，大家都搶著模擬組員：「好！好！主任要幾班？」

前輩回顧，職場邏輯的基礎翻轉，對於一九六〇到一九七〇年之間出生的一代衝擊極大，約莫在這群人從員工熬出頭變成主管的時候，以前習慣的秩序已經消失或倒反了。

這樣的觀念轉移是全面的，不只發生在職場，也發生在家庭，只是時間或許更早一點。媽媽們不是常說她們是最倒楣的三明治世代，要孝順長輩又要孝順晚輩嗎？如果我們相信追求自主是人性發展的趨勢，那麼權威的瓦解就是必然發生的——以前我如此理解這現象。雖然懊惱自己沒有晚生幾年，初入職場時還提過主管重得要命的包包，假日接到電話被質問有沒有乖乖在寫報告，像小朋友聽爸爸訓話……但想到學長姐都經歷過更嚴峻的，就覺得也還可以忍一下。而我們早已知道，未來的新人不會接棒當被訓話的小孩了。

不過，近來對於上述主管開口值班竟被當真這類例子，我發現了另一個理解的角度。非關權威，而是純粹在「溝通」與「關係」層面，人與人間共識的改變。例如，以前，明確地說，至少到九〇年代，這樣的場景都是正常而美好的——

女主角：「今天，你就不用送我了吧！」

男主角：「快上車！上了一天班還要去坐公車？不許把我的寶貝累壞！」

女主角：「可是，你也累了一天，我家那麼遠……（一邊說卻已經上車坐好了）」

看到這裡觀眾都會頭歪一邊，傻傻地笑，心裡暖洋洋。男人女人都很感動，也儘量這樣對待另一半（雖然下場不見得是好的）。

現在，女主角說：「不用送我了吧」，男人說：「噢，好。拜。」最多再問一句：「妳確定喔？」此時心裡嘀咕著：「不要等一下又發脾氣說是我不載妳」。

為什麼說「男人」而不說「男主角」呢？因為，在這樣的邏輯中，已經沒有男主角，只有繼續活在夢幻中的女主角了。

我試著尋覓消失的男主角，包括學生、朋友的小孩等等，都說：「啊她自己說不要的！」

「想什麼就直接說啊。」

「自己說的自己負責。」

「幹嘛說反話？還要猜背後的意思很累耶。」

「猜錯怎麼辦！」

「我很不會猜別人的心思啦！」我看，這才是最關鍵的吧！懶得猜，直接說，討厭裝模作樣。久了，猜人心思的能力（或膽識！）也會退化的。

如此的世界，也未必不好？

咦，我有說反話嗎？

要小心的女人

會怕的男人，不用過來。她祝福他，在平凡的歲月中繼續一點一點安穩地老去。

X先生在網路社群認識了A小姐。她雖然年紀不大，卻擁有相當的社會歷練。長年在科技業工作，生活一成不變的X先生，折服於A小姐的見多識廣、柔媚外貌和自信風采，潛伏的熱情突然醒轉了。彼此都有好感，相偕出遊過幾次。可是，他已經很久沒有談過戀愛了，不懂女人又害怕受傷，很猶豫該不該進一步發展這段關係。他想，還是多打聽一下，以策安全。

他吞吞吐吐地，詢問一位人面很廣的老友：「認識A嗎？……嗯，她好像人還不錯……」老友一下就聽出他的心意了，嚴肅地說：「A嗎？不錯是不錯。但，這女人，要小心。」

為什麼？

原來，這位朋友和A小姐曾經在同一個領域工作，雖然沒有直接的往來，但多少聽說過同事和她交往的歷史。

「她會讓你不知不覺地忘記自己是誰，忘記你的位置和責任，忙著做一些能引她注意的事。跟她一起消磨時間，會覺得自己很有活力、很迷人、是男人中的男人……最後怎麼死的都不知道。」

或許男人之間真的共享著某種女人不懂的邏輯，聽完這番話，X先生立刻感覺大夢初醒。他沒有再問任何問題，也沒有懷疑或猶豫。他感謝老友的提醒，從此嚴格規範自己，不看A、不聽A、務求絕對不想A。

數年之後，X先生結婚了。一場宴會中，他無意間發現A小姐的身影。他避開她，揀了一個安靜的角落，低頭扒著餐盤中的食物。

不一會，耳邊傳來一聲「嗨」。是A的明亮聲音。

他一時無法逃走。

「最近好嗎？」她問。

「呃……還好……很好……啊，要不要看我小孩的照片？」他忙亂地掏出手機在螢幕上滑著，好像撞鬼時急著找護身符一般。

她配合著看他秀出來的一張張照片。微笑著。沒有說好可愛，也沒有問幾歲了。只是微笑著。他感覺自己的狀態從慌張變成尷尬，然後變成憤怒。最後，終於變成一種無法吞嚥的挫敗感。

手機裡的照片秀了一輪，又回頭從第一張開始。他的生活在小小的螢幕上播映。

在這個生活中，他記得自己。是孩子們的爸爸。

他的位置在公司總部，八樓靠廁所門那側，跟多年前一樣。

他的責任是每天上班。下班時帶老婆交待的東西回家。有時是公司旁邊那家名店的和菓子。有時是女兒喜歡的麵包。

他比以前更加沉浸在自己的思考中。家裡重新裝潢的時候，他隔出一間自己的工作室，盡可能不受干擾地待在裡面。

他的妻子，是個合理而體貼的女人。能夠自己打發時間，也能把家務料理妥當。對他從沒有無理的要求。

在A彷彿看穿一切的微笑中，他想起好友當年的話。他避開了A，是為了保有自己，他自忖是個平庸的男人，不願被她的魔力統御。如今，他的確保有著自己，一個平庸乏味的男人。

當年因為他突然的冷淡與拒絕，A小姐也輾轉得知那些男人對她的小心評語。她傷心了許久，也困惑了許久。然而，此刻看著眼前的他，她開始覺得，做一個讓男人小心的女人也不錯。

會怕的男人，不用過來。她祝福他，在平凡的歲月中繼續一點一點安穩地老去。而她，還想嘗嘗更多的新鮮事。

米蒂雅症候群

為了對抗丈夫，或者因為被痛苦淹沒，一個妻子從丈夫手中奪走孩子。

希臘神話中的米蒂雅（Medea），擁有令人畏懼的強大法力。不過，無論能力多麼強大，女人依然受控於愛神的箭，她不由自主地愛上了傑森——一個為了奪回王儲身分而必須完成艱難任務的準英雄。米蒂亞運用高超的魔法與算計，為傑森在各種考驗中除去障礙，助他降伏怪獸，成功地取得金羊毛，最終奪得王位。在過程中，由於米蒂雅的父兄與傑森政治立場敵對，她還不惜為丈夫殺死了自己的兄弟。

傑森依約娶她為妻。米蒂雅和傑森生了兩個孩子。但希臘人得知他們謀害前王的殘忍卑劣手段後，驅逐了他們。這對夫妻流亡到其他城邦，成為英雄的傑森為了獲得新的權位，決定拋棄米蒂雅，迎娶城邦公主。米蒂雅心碎之餘展開報復。她施毒殺死了情敵公主，而且，最令人無法想像的，為了讓傑森痛苦，她竟然也殺了他們的兩個孩子。

為什麼突然說起這則希臘神話呢？

其實是，最近陸續聽到好幾個父母子女之間的故事，細節各異，但大綱雷同——丈夫外遇，背叛了妻子。妻子陷入無法消弭的憤怒和悲傷，從此緊抓著孩子，對孩子灌輸「爸爸是對不起家庭的壞人」的觀念。孩子不敢也不知如何與爸爸親近，於是丈夫失去了孩子，孩子失去了父親，以及需要父親相伴的成長機會。有婚姻心理分析師把這種反應稱為「米蒂雅症候群」——就像米蒂雅一般，為了對抗丈夫，或者因為被痛苦淹沒，一個妻子從丈夫手中奪走孩子。

這些孩子，有的長成很能照顧母親的孝子，有的受不了母親令人窒息的掌控，早早離家到遠方求學工作。他們未來與伴侶的親密關係經常出現困難。從小謹記「爸爸不負責任，媽媽很可憐，她所有希望都在我身上」的兒子，有了自己的伴侶之後，仍然無法在心理上脫離母親，絕不容許自己太照顧女友而背叛母親。有男人每次陪女友買東西都要買一份給媽媽，如果女友稍微恃寵而驕，就忍不住想起缺乏丈夫疼愛的媽媽，因而莫名其妙地開始找女友麻煩，甚至到了情緒虐待的地步，彷彿要女友跟媽媽一樣可憐才行。

如果女友或老婆流露不快樂或不滿足的情緒，他們很難接受指責或建議，因為內心有著強烈的抗拒——「如果我不能讓女人快樂，那我不就跟糟糕透頂的爸爸一樣嗎？」「比起我爸，我應該算是很好的男人才對，妳竟然還有不滿？」更隱微的是，他們對於無法快樂的女人，有著強烈的恐懼與憎恨，那是童年的噩夢，無論多麼努力做個乖小孩，都無法讓媽媽快樂起來，因為媽媽需要的終究是爸爸。對一個男孩而言，那是深沉的無力感。

大人的憤怒，請用大人的方式處理。每個孩子都需要相信自己有個好父親和好母親，感覺被愛，才能愛人。

不辯駁的男人

如果對一個人是認真的，她卻看不到……
再多做也不會有用，算了。

電影《巴塞隆納，我愛你（Barcelona Summer Night）》中，意外發現懷孕的女友問男人，你打算怎麼辦。隨著事情發展，男人先是說「我們計畫中沒有這一步」，之後又讓親戚送的嬰兒車滑進馬路中央差點被壓扁……，女人在這一秒情緒潰堤，憤怒地奔回旅館，對尾隨而至、態度猶疑的男人說：「我不知道你對於我們這段關係是不是認真的……有時覺得我好像在浪費時間……」

此時有人要上廁所，按了暫停鍵。留在電視機前的幾個同事抓著茶几上的玉米片，聊了起來。

「來猜那男的會怎麼回答？」

「取決於他是老實咖還是油嘴咖囉！從片頭到現在，這男的應該是屬於老實樸拙型的角色，說不出甜言蜜語，我猜他會沉默。然後女的就愈生氣，一直抱怨個不停。」

「對對對！然後女的會開始翻舊帳，舉出一百件沒人記得的往事，佐證男人一向不夠重視她。」

「然後男人就更說不出話來，於是兩人陷入僵局。」

結果，導演和編劇並沒有讓這個男人如此沉默。在女人說完「我不知道你是不是認真的」「我好像在浪費時間」之後，男人立刻暴走了！他提高音量、臉部肌肉糾結成團、激動地重複女人的話：「妳不覺得我是認真的？妳覺得跟我是浪費時間？」接著他就轉頭衝出旅館了。

一個人在街上晃來晃去前思後想，最後男人停在一個兒童用品店的櫥窗前，望著色彩繽紛的玩具，碰觸到某種感情似的，他冷靜下來，回頭去找女友，溫柔地道歉，還帶了一台娃娃車，表示要一起迎接孩子走向未來。

雖然是個輕鬆的喜劇，本來吃完玉米片就差不多了，我卻對男人暴走那一幕很有感覺。

真的有很多人被伴侶質疑的時候，無法報以對方期待的溫言軟語和愛情保證，無法舉例說服對方「我很在乎妳」，而是深感受傷、失望，「我做的竟然沒有被看見！」繼而悲憤離席。

「她感到挫折不安，所以才會說不確定你是否在意她吧。」有一次我對一位男士這樣說。他回答：「她為什麼要感到挫折？」

「每次她想聽你說安慰的話，你似乎變得愈兇，生氣或冷淡，而不是給她正面的回應和保證？」

男人說：「如果對一個人是認真的，她卻看不到，那我再怎麼努力都沒有用。她說她不知道我對她還有感覺嗎，她困惑失望……我才失望咧！再多做也不會有用，算了。」在不被瞭解的沉痛中，他噤口不言，「像個男人」，離開那看不見他真心的女人，如同一個悲劇英雄，絕望地離開誤解他的君王。

提出疑問的一方，大多認為「有需要那麼生氣嗎？你說幾句好話，我就會安定下來。」然而，當一方需求更多的愛之表達，另一方聽見的卻不是需求，而是否定。於是彼此都陷入自我肯定的存續關頭，無法安撫對方。照自己的方式愛一個人，卻發現不符合對方的期待，往往是自尊上難以承受的打擊。

可是，為什麼如此難以忍受伴侶的失望？曾經因為誰的誤解與否定，讓人失去辯解的意願與信心嗎？試著修通這個課題，當對方質疑時，除了悲憤，也可以溫和堅定地告訴對方：張開妳的眼睛，好好看看我這從不喧嘩，卻實實在在的愛。最終能否被看懂、受不受用，那是彼此的緣分，至少盡力讓自己被看見了。

聽見

因為如此留白著，他們之間到底擁有什麼，無法被知道而肯定其存在；他們之間缺乏的，也無法被知道而否定其存在。

他把女人區分為邪惡和善良的。善良的這位，他沒說是如何結識的。開始談她的時候，已經不被允許見面。打電話或傳簡訊都沒有回音。不久前他還會向公司請假，半天整天地守在她住處附近，但並沒有遇見。他想，或許就是不巧，她總在我進店家上廁所時才經過。有一次幫她付房租的男人似乎注意到他，隔著馬路盯著他看，他緊張得拉下帽簷快步離開。之後便不敢再這麼等她了。

「幫我想，要怎麼做才能見到她。」

他重複著，好像並不在意為了找她太常請假又無心工作，快要被開除了。

「你們之間，可以多說一些嗎？」

「她真正愛的是我。但是那個男人幫她付房租，她不能不講道理。她就是這樣，心很軟的女生，現在已經很少這種女生了。她工作壓力很大，幫她付房租的人希望她搬到比較好的地方去住。」

他不曾提到與她仍能見面時如何相處。彼此之間有什麼、缺什麼，期望與現實之間的困難，可想像與不可想像的情感矛盾，都沒有被描述。因為如此留白著，他們之間到底擁有什麼，無法被知道而肯定其存在；他們之間缺乏的，也無法被知道而否定其存在。聽起來像是他真正有個情人，但也像她根本不能算是他的情人。

如果試圖讓他從不同角度思考這局面，或者檢視她所謂的愛，房租的必要……或者他想成為付房租的男人？他總是一臉困惑地聽著，然後在對方自以為直入問題癥結時，突然說：「抱歉！剛剛說的我聽不清楚，可以再講一次嗎？」

作為聽者，只被允許知道他在困境中，無法得知困境的內容和外圍，因此也無法運行任何可能移動此困境的思考。

事情就只能是這樣，他遇到了命定的無解，而她，應該被定義為拒絕者的女子，那般無辜而有情地善良著。

從認識的第二個月開始，他每月匯三萬塊給她，領到業績獎金的時候就多買一樣奢侈的禮物，TIFFANY 項鍊或是 COACH 包包之類的。

「她的生日快到了，今年沒辦法見面，我這幾個禮拜都在弄錄音，選了一些很好的歌給她，也有說一些話。」

「說話？」

「對，她工作太認真了，在酒店上班，我想提醒她注意身體，多照顧自己。」

「你覺得，她會聽你的錄音嗎？」

「……你說什麼？」

「你的意思是，沒聽見我剛說的話，還是我這樣問很奇怪？」

平常做業務跟客戶溝通沒有障礙。似乎有時聽得見有時聽不見？

「不知道。我媽是聽不見，但我小時候好好的。」

他繼續談著要錄給她的東西。

希望被「她」聽見的和希望被母親聽見的，有著什麼聯結。而她們都無法聽見。

在這幾乎是單向的談話中，他不需要聽建議，只需要好好被聽見。

或許，擁有某種被聽見的經驗之後，他對女人除了邪惡與善良的區分之外，會加上「聽得見我心」與「聽不見我心」，這樣的辨別。

拼圖

一個對自己不夠滿意的人，尋找一個用來彌補自我空缺的人，這樣的關係，到底是拼圖，還是戀愛？

我曾在廣播中訪問談到「你不需要做到完美」的哈克先生，當時主題是：「如果我們一直把所有的目光跟期待壓在伴侶身上，那麼伴侶一定會累壞，因為，人一定有黑暗的時期、會有缺乏能量的時候。」「我負責我生命中美好的六十分，伴侶給我的美好，就是往上加分。如果他（她）可以幫我加二十分，那我就是賺到了！就算伴侶什麼都不做，我們基本上還是及格的！也就是說，我們自己要能處理好那六十分，也對這六十分感到舒服。」

與自己舒服相處的人，才能不給伴侶壓力。過度逼迫自己的人，難免逼迫伴侶去做連自己都做不到的事情。對於自己做不到的事情，我們的內在情緒非常強烈，卻不自覺。盯著伴侶，要他符合我們的期望時，那種只許成功不許失敗、恨鐵不成鋼的壓力，會讓彼此都喘不過氣。

有位聽眾問我：「因為是自己渴望的部分，所以對方才吸引你。如果只確保自己做到六十分，而不去要求對方，您們說，至少這樣自己的生活還是及格的，但如果是這樣的話，何必有另外一方的存在呢？自己一個人不是更自在？」

我想，這正是許多人對感情的困惑。坦白說，我也曾對所愛的人說：「如果我對你沒有期待，放任你變成我不喜歡的樣子，我就不會愛你了！」所以，請變好吧！變得更好吧！讓我永遠愛你，離不開你吧！

那樣的階段，其實我們對自己並不滿意，不覺得足夠也不覺得安全。但卻無法覺察，不明白關於自我的焦慮。甚至防御性地以為自己很完美，所以有權要求伴侶。

一個感覺自在的人，如果談起戀愛，可以讓另外一個人也感到自在，這戀愛不就談得很舒服嗎？

一個對自己不夠滿意的人，尋找一個用來彌補自我空缺的人，這樣的關係，到底是拼圖，還是戀愛？

英國婚姻心理治療師亨利・迪克斯（Henry Dicks）說：「人對於自己欠缺的特質，無意識裡是愛恨交織、充滿矛盾的。」深深吸引我們的人，擁有令人嚮往的美好特質，但是，如果我們自己無法發展出這些特質，或從小這方面就被壓抑，那麼，無意識中對於這些特質會感到矛盾。一方面希望對方能夠補我不足之處，一方面又忍不住挑剔對方跟我的不同之處。

如果，另一半擁有您嚮往的東西，倆人相處也很愉快，這個問題就不存在了，不是嗎？會感覺困惑，一定是還在掙扎，兩人常常為了互相要求而生悶氣或吵架？因此問著：難道不能對伴侶有要求嗎？如果能不要求對方，如果自己很舒服，那一個人生活就好啦。

難道，人是因為缺憾和互補，壓力與期許，才綁在一起嗎？

邀請您回顧記憶，感覺被愛的時刻，哪一次是因為被人要求做到某些事？我們不都是因為有人說：「你這樣很好！」因此感覺到溫暖與被愛的嗎？

因為對自己滿足，所以想跟也懂得滿足的人，一起體驗更多有趣的事。我不再用你拼湊自己，也不因你而隨便切割自己。我們的旅程，不是為了彌補遺憾而已，還要一同探索無限的風景。

太陽從西邊出來

如果你愛，你不能不在每日常軌的運行中，偷偷調整陽光灑落的角度，讓我們的花園獨得幾秒暖熱，而能欣然茂盛。

朋友的臉書上出現自省般的感嘆，徵得他的同意，分享如下：「我們常期待對方去做他永遠做不到的事，當期待落空，只能難過，卻忘了自己的期待如同想要太陽從西邊出來，根本不可能，所以又何必難過……」

如果能如此自覺，一切就單純了。但我們經常花費許多時間，經歷許多拉鋸，仍然無法確定自己的期待是不可能的，或者，該說是無法接受或不願接受，不知道何時該放棄要求。

就算對方明白地說「不可能，只要我是我，就不可能」，有人還是要繼續試圖改變對方。

這樣聊著的時候，一位阿姨級的前輩在旁幽幽地說：「愛情怎麼能這麼複雜。你們心理治療書讀太多，想太多了！」據說阿姨的丈夫，她此生第一個愛人，什麼都依著她疼著她，她從不需要思考自己的期待合不合理。

「太陽是要從東邊出來沒錯，可是，哪邊是東哪邊是西？我說東邊的就是東邊啦！」阿姨說。阿姨個性直率，未婚的妹妹們都央著撒嬌：「教我們啦！我們都找不到這麼體貼的愛人！」阿姨的女兒扁扁嘴，故意吐槽媽媽似地：「我都笑我媽，爸爸那麼聽她的又如何，婚姻不到十年爸爸就沒了。」

原來，阿姨的丈夫是個好好先生，不僅聽老婆的，也容易聽別人的，他被朋友欺騙倒債，後來只好跑了。

阿姨開玩笑地作勢要打女兒，卻也嘆了口氣，自嘲地說：「也對，沒有方向的太陽也是靠不住啊！」「總之，妳們要找一個有方向又有判斷力和責任感的人，而妳就包含在他的方向和責任裡面啦！」

「誰不想這樣嘛？很難啊！」

尋尋覓覓，那個能讓自己安心的人。得之？不得之？幸與命之間，有多少人正式面對著，自己也有自己的運行方向？有多少人真正清楚自己的運行和使命，自己的引力動態？知道自己如何影響別人，也如何抗拒著別人對自己的影響？

誰才是那個被試圖扭轉的太陽？還是，兩個太陽互相燒灼著？是為了滿足控制欲，還是真有那些需求？

為什麼愛你，就要改變自己？沒有我為你做這些之前，你不也活得好好的？

如果看不到你為我做任何改變，如何知道你是愛我的？

疑問，當然是有的。

而我說，愛人：

如果你該是東昇西沉的太陽，請不要為我改變方向。因為我將無法回答，太陽逆行，宇宙失時，萬物失序之時，憂鬱的你該怎麼辦。

為什麼我私心期望一個太陽從西邊出來，我會去釐清，那是關於我自己的課題。

但是，如果你愛，你不能不在每日常軌的運行中，偷偷調整陽光灑落的角度，讓我們的花園獨得幾秒暖熱，而能欣然茂盛。

這樣，我就會知道。

不溝通的理由

變冷淡而愈來愈少主動聯繫的愛人說：「我對你沒有改變，是你的不安多疑讓我們每次相處都很痛苦。」

「你有沒有遇過這種人？約好某日某時要見面，他事前明知有事或趕不上，卻不儘早聯絡商量，就直接沒出現，讓人等半天！打電話去問時，他若無其事地說：『今天全科加班，所以不能去了。』問他什麼時候知道要加班，居然是上星期！」

有啊。當然有。約會見面還算小事，頂多只是要人空等，有時等人可以坐著等，就算多站一下，也可以安慰自己這是有益健康……這類行為還可以推衍到帶給人更大困擾的，例如：不吭一聲就直接不來上班的員工。

不說明白就片面改為「一般朋友模式」的愛人。從沒提過希望關係如何改善就往外發展的配偶……這類狀況的共同特色是，被堵到詢問「你為什麼沒有出現（為什麼沒有在場，為什麼沒有在該扮演的角色上……）時，他們會若無其事地給個理由，薄弱而無法令人接受的理由，讓人又冒火又困惑：這不是重點吧！你怎麼可以不用說一聲？你怎麼可以不用徵得共識就直接毀了約定？

繼續問下去的話，他會開始理直氣壯，他也開始發怒，接下來的討論就是秀才遇到兵了。放鴿子的人說：「你看！你就是會這樣生氣，所以我不敢跟你說」；違反共識的人說：「我最近很累，沒有力氣吵架」；變冷淡而愈來愈少主動聯繫的愛人說：「我對你沒有改變，是你的不安多疑讓我們每次相處都很痛苦」。總之就是不想解釋，感覺不到他對於關係有一點共同努力的誠意。

而他們抓住的理由是「跟你解釋不會有結果」「你就是那麼強硬」「永遠都是你對」，塞住你善於溝通的嘴巴。

凡事認真的人遇到這種事真的會悶到內傷，想來我們大多討厭甚至害怕這種人。不過，在雙人諮商的經驗中，我也的確看過不少例子，是因其中一方堅持著某些「不可能的要求與標準」，長久下來，另一方命定似地演化為不溝通或說謊，或決定不再繼續原本的關係。

當一個很在意的人說溝通沒有用，不需要再嘗試，「我們繼續在一起只是彼此折磨」時，有幾個人能接受？心裡嘶喊著：你不做那些爛事我們會不愉快嗎？說說看你希望怎麼樣啊！你不給機會怎麼知道我做不到？我要求的事，難道不合理嗎？

不是每個人都習慣或願意修理關係。有人在關係中感到不舒服或麻煩（或純粹只是厭倦）時，並不會要自己變得更符合別人的期待，或許也懶得要別人放棄那些期待。於是他們直接辭職，不，連辭職的手續都不走，應該叫做直接罷工。並且覺得自己沒有任何不對，沒有任何愧疚。他們認為製造不愉快的人是愛抱怨的你，而你認為他們的行為才是不愉快的起源。

我們也可以說，都一樣，雙方都看不到自己有什麼不對，雙方都想照自己的喜好過日子。

到了這種地步，已經不能再用原本的方式努力下去，必須面對自己的原則，有人懊悔自己要求得太多，但就算發毒誓對方也不願意再嘗試了。如果真有覺悟，下次的關係中不要重蹈覆轍。

只是，經過足夠的時間沉澱之後，大多數人最後好像還是肯定自己的原則，對方說的也沒錯：彼此不適合。就這樣。

老人家常說，除非你真是一個不講理的人，若是跟一個真愛你的人在一起，根本不會有這些麻煩。永遠不忍心看你傷心，再怎麼生氣也不會拋下走開。你相信嗎？

我想，如果世界像個荒島，上面只有彼此這兩個人，沒有外力，沒有外務，沒有他人，這應該是個美好的真理。

捧著杯子

女人還是願意幫男人倒酒。不過，男人有沒有捧著杯子，感覺真的差很多啊。

大型研討會結束之後，老闆宴請來訪的國際學者。一夥人浩浩蕩蕩地開拔，到一家熟人才知門路的海鮮餐廳。餐廳外觀並不起眼，但卻是典型的台菜文化：裝潢與美味之間呈現一種反比關係。每道菜都讓人驚豔，連吃慣了頂級海產的日籍學者也讚不絕口。

服務生送啤酒上桌時，正好把瓶子放在德高望重的日本教授面前。過去幾次在日本洽公聚餐的經驗，料理都是無懈可擊，但席間男尊女卑的禮儀卻讓我們這些在台灣生活的女人感覺格格不入。聽說，愈是高檔的餐廳，愈堅守這種傳統。帶位時先安置男性，上菜時也先服務男性，這是司空見慣的。敏感一點的人多半還會察覺，服務生對男顧客應答的態度就是比對女客殷勤些。至於負責斟酒的，若不是服務生就是同桌的女性。因此，我很好奇，我們的日本教授會怎麼做？

只見他不假思索地拿起酒瓶，開始幫身邊的女士們斟酒。坐在他左手邊的，是從小就生活在美國的華人女性，對於被男士服務，似乎絲毫不以為意。我問教授，在日本用餐時，斟酒是不是慣例為女性的工作？他說，是啊，沒有錯。既然客人都這麼說了，為了善盡地主之誼，我建議那還是讓我來吧。他把酒瓶遞給我之後，趕忙雙手捧起他的杯子，說道：「不過，接受斟酒時，必須雙手捧起杯子，不然，會被認為很不禮貌！」於是我捧著冰冰的玻璃瓶，注視著金黃台啤徐徐注入一個被雙手認真捧著的杯中。

想想，我好像沒有幫人倒過酒。依稀記得，大學快畢業時，有一次和系上同學一起拜訪老師，之後老師宴請大家。我坐的那一桌，好像只有一個或兩個女生。酒來了，在還沒有人動作之前，一位一向很有領導力的同學就開口說：「欸，惠文，妳怎麼還不幫大家倒酒」。當時很年輕的我，以一貫的白目風格反問：「為什麼是我？」同學說：「妳是女生吧？」我環顧四周，大家都不敢正眼回應，有一種「是男人就不要出聲」的氣氛瀰漫著。我忘了我最後有沒有倒，還是有人出面解圍，而那位解圍的人有沒有被同學嘲笑……，當時我應該是很生氣吧，可能也在心裡偷偷罵過那同學「你最好娶不到老婆」之類的。不過，今日從中年婦女的角度回顧，只覺得好笑。那位同學不見得是出於惡意，或許是在那個時期試圖裝大人的行為之一吧，醫界的大老都很有男性權威的。而同學後來娶了非常賢慧又美麗的太太，過著事業家庭都春風得意的人生。

剛好最近也聽見朋友熱烈討論日劇半澤直樹，特別是他的完美老婆——花。男人說，喂，那才是正常的女人。女人說，哼，就是因為現在沒有這種老婆了，所以才需要到戲裡去看。哎，這種事，公論很難決定呢。的確還是有女性喜歡在家裡等著老公回來，端上一桌好菜，摸摸他的頭說：「不許輸喔！」

不過，就像倒酒一樣，有沒有捧著杯子，感覺真的差很多啊。

成為父母的孩子

伴侶之間，原本有一種心理上的對應。當兩人變成父母，原本的心理對應會受到挑戰。給予和獲得之間，需要重新平衡。

她和他，原本扮演的是一個細心的、管理家務的妻子，一個沉默的、配合秩序的丈夫，兩人各司其職，相安無事。孩子來臨之後，丈夫驚訝地發現，對環境整潔一向十分嚴格的太太竟然可以任由小孩把家裡弄得很亂，由此開啟了一段爭執。

「我喝完咖啡，總是立刻把杯子洗乾淨，不過是桌上留有一圈咖啡漬，她就追著我唸了半小時。但她可以讓兒子拿蠟筆在我的文件上到處畫。我說：『不要讓小孩進書房，不要亂畫我的文件！』她卻白我一眼：『有什麼關係』！」

原本已經接受妻子挑剔的性格，現在卻發現她對別人（即便是自己的小孩）有如此寬大的包容力，「原來妳可以不那麼挑剔，妳可以不那麼潔癖」，妳不是不能包容，只是不願意包容我。雖然知道做了爸爸要有爸爸的度量，但他的「內在小孩」變得很躁動，想要像孩子一樣享受特別的待遇。

而妻子原本接受了丈夫的沉默木訥，從來無法從他那裡得到任何浪漫的言語，現在卻常看到他熱情洋溢地對女兒說：「妳最可愛！妳真美」，原本以為他沒有表達情感的習慣，雖不滿意但也只好這樣過日子，結果，「你其實是有熱情的！你明明就有表達愛的能力，只是不給我！」雖然知道做了媽媽要有媽媽的成熟，但她的「內在小孩」也變得很躁動，想要像孩子一樣享受特別的待遇。

在對照當中，對彼此的信任受到挑戰甚至瀕臨瓦解，內心深處懷疑「對你而言，我不夠重要，所以你不願意為我……」這是成為父母後的夫妻常見的怨懟。很多人為了孩子可以輕易做出大幅度的改變，但面對伴侶的期待卻紋風不動。這些為了孩子可以無私的父母，被伴侶質問時，無辜的說：「我本來的確沒有這樣的本事，應該是孩子激發了我的潛能吧！」

伴侶之間，原本有一種心理上的對應。當兩人變成父母，原本的心理對應會受到挑戰。給予和獲得之間，需要重新平衡。

儘管在孩子面前能夠十足如成人般、具備給予照顧的能力，轉身面對伴侶時，卻想繼續當個任性的孩子。兩種角色之間微妙的變換，有人能夠處理得宜，增加生活的樂趣。有人卻引起家庭結構的失序，夫妻都不願意照料另一方的孩子面，結果這些需求變成由小孩來照顧。

你也曾經是這樣的孩子嗎？照顧著母親和父親無法彼此滿足的需求，為他們彌補內心的空缺。如果你內在仍然是這樣的小孩，但卻成了父母，如何不把這角色傳遞給孩子？

再一次，這一次，好好地對失去的童年告別吧！

冬天不必做的事

妳不覺得嗎？最浪費熱量的事，就是跟變心的情人說自己有多痛苦。說得愈多、愈坦誠就愈冷。

「天氣變了。沒有你的早晨，幾乎爬不起來。不想煮麥片，啃著乾硬的貝果，甚麼都沒抹。沒辦法碰觸果醬的玻璃瓶，好冰，就像你的冷淡。

漫長的一天該做甚麼？如果找不到事情做，我就會繼續思考的強迫症。

想過一萬次還是不懂，為什麼你要分手？分手了，為什麼連朋友都做不成？你是人類還是植物？夏天活生生的熱情，怎麼會無法解釋地隨著樹葉掉光呢？

『無法承受見妳所引起的心情擾動』，是甚麼意思？『該回到真實的生活了』，是甚麼意思？『對妳的感覺依然不變，但現在的我必須把感覺裝進盒子，蓋上蓋子。』又是甚麼意思？

腦子可以不想你。但身體記憶著疼痛。你怎麼能就這樣走開？你真的一點都不在乎了嗎？」

「天氣冷了。不需要偽裝的早晨，多了幾分自在。把麥片慢慢地煮稠，翻遍報紙的每一個段落。之前因為心軟而無法整理的關係，終於解決了。感覺許久未有的清爽。

做朋友當然比做仇人好，為什麼不偶爾跟妳聯絡？因為，不想感覺自己是無情的壞人。不想被哀怨的眼神注視。這樣懂嗎？『那就不要做壞人啊！』妳說。妳是裝傻嗎？我已經沒有對妳好的動力和熱情了。無法做妳的好人，也不想做壞人，所以要把妳變成沒關係的人。這樣不懂嗎？

如果我說，對妳的感覺已經消失了，妳說無法理解人怎麼可以說變就變。於是我說感覺還在，但必須裝箱隔離。結果妳說既然還有感覺為什麼不繼續。

我就是，不想繼續了。分手一定要給對方聽得懂的理由嗎？為什麼會跟妳在一起，又為什麼要分手，我自己也不太清楚，怎麼有辦法跟妳說清楚？」

以上是被甩的貝果小姐和橫了心腸的麥片先生之間，沒有對話的對話。貝果小姐抱怨，在天氣變冷的時候拋棄女友真的很不體貼。內在的心寒加上外在的寒流，讓人非常辛苦。因為整天手腳冰冷，還跑去看中醫。我說，還是多儲存、少浪費一些熱量吧！

還好一個貝果的熱量比一碗麥片高。因為，思考為什麼被拋棄所需耗費的心力比處理愧疚感要多得多。

妳不覺得嗎？最浪費熱量的事，就是跟變心的情人說自己有多痛苦。說得愈多、愈坦誠就愈冷。

找一件上好的喀什米爾毛衣，輕輕暖暖把自己包好。找一家道地的料理店，把飢餓的胃填好。找一個失戀過的好朋友，呼著白色氣息去泡湯，然後在山徑慢跑。

是人都會暖起來的！

大女人 小女人 讓人幸福的女人

讓人幸福的能力，為什麼不能讓自己感到富有而安心，卻像懷璧之罪那樣，只擔心被搶劫和濫用呢？

你說，性別早已經平等，女人不要再嚷嚷了。你打電話進來廣播節目，生氣而傷心地說，現在的女人都沒有讓人幸福的能力了。

我並不全然反對你的說法，如果你願意去掉那個「都」字。我不會反問你，現在和以前的男人讓人幸福的能力如何。我想你和所有男人女人一樣想要幸福，也許你身邊的女人感覺不幸福，你很擔心、無奈、厭煩或挫折，也許你期待她給你一些溫暖，但只得到「你去找你媽」或者「那你為我做過什麼？」的回應。

然後是妳的分享。妳說，好累，我只想當個小女人。

我知道妳想當小女人，可以的話我也非常想，想得不得了。雖然妳不相信。但我想提醒妳，妳指的是「被愛的小女人」。順利地感覺被愛的時候，誰都想做也能做小女人。但是有一天需要靠自己的時候，妳該怎麼辦？

做小女人需要一種忍辱負重的能力，妳告訴我：「我每個月拿他十萬，是對他的肯定，一般男人要給我錢我還不願意拿」。妳說妳讓他很有成就感，我同意這真的很可貴。能夠把自己做小讓男人有成就感，是一種愈來愈稀有的愛的能力。願意做小女人是值得被感激的，但如果「只能做小女人」，就不太一樣。

我們耳邊充斥著矛盾的論述，相夫教子犧牲自己不再被歌頌，說出來還會被人看不起。女人表面上都擁戴自主意識，但只有少數真正過著輕鬆滿足的自主人生，多數其實是孤獨的戰士，不斷在矛盾中搖擺，等著一個「值得為他放棄平等」的男人，隨時歡迎他用壁咚那種方法讓自己繳械。

如果對於女性的本質缺乏自信，一切作為都出自對歧視的反抗與恐懼，我們可能告訴自己要有成就、要有決定權，不能因為是女人就退讓等等，但卻無法接觸內在真正的需求。害怕女人的宿命，拋棄女性的特質，用一種強硬的方式武裝自己，其實是離自性更遠。

「女人不要太傻」的話，已經聽得夠多，其實我們不介意付出，只要付出不被掏空，只要愛與尊重繼續存在，女人就是非常慷慨。

聽眾先生，我不相信性別已經平等，在接到你的電話之前，我才在電梯裡聽見一位阿姨對著別人未滿周歲的粉紅嬰兒說：「妳好可愛，給妳媽媽招弟弟」。如果這還是一種寒暄的慣例，這樣長大的女孩如何對於女性本質有基礎的價值感？女人如何放心地愛人而不擔心被視為理所當然？

不過，謝謝你提出「讓人幸福的能力」這個概念。當男人女人都忙著算計自己得到多少幸福，沒有人能幸福。小女人大女人，小男人或大男人，都只是讓自已迷惑的名詞。我有多少讓人幸福的能力？這樣的能力，為什麼不能讓自己感到富有而安心，卻像懷璧之罪那樣，只擔心被搶劫和濫用呢？

II

愛人之間　奇怪的名詞

安全感

也許你的一切問題都源自沒有安全感，我曾經這麼相信，也努力呵護著受此折磨的你。但現在我也變得沒有安全感了！

你說你沒有安全感。

我很困惑，沒有安全感的人一般是什麼樣子？

我以為那會是一種脆弱的樣子，很依賴？很驚慌？很嬌媚？

可是你從來不是這個樣子。

你沒有安全感的時候，看起來很兇，表情好像會吃人。我和異性朋友來往，你大生氣。你說擔心我愛上他們。我努力證明了他們只是普通同事，郵件、通聯都給你看，你說既然沒有感情，更沒必要來往。你瞪大了眼睛，邊哭邊叫著說：「因為我沒有安全感，你不要跟他們聯絡。」

你沒有安全感的時候，會說惡毒的話。我陪母親，你不開心。你說擔心我是媽寶，你的未來沒有保障。什麼保障？我問。你說，當你跟我媽對立時，我不會站在你那邊。我不明白我媽跟你為什麼會成為對立的兩邊，你說她不喜歡你。可是，她從沒說你不好，從來都是你不喜歡她。我不可能拋棄我媽，你說那等到我媽死掉再來找你。我生氣了，怪你說出這麼可怕的話，你理直氣壯地說，因為你沒有安全感，當然會這樣希望。我幫妹妹搬東西，你說我妹妹把我當廉價勞工。我說我願意照顧自己的妹妹，你說你沒有安全感，怕我家人把我累壞，你會失去依靠。

因為你缺乏安全感，我們總是吵吵鬧鬧。但我們一直沒有分手，也正是因為你缺乏安全感。當我說個性不合應該分開，你說你沒有犯錯，我不可以拋棄你。我談起你對我的要求和指責，你說一個沒有安全感的人本來就會這樣。我說，我可不可以不要跟沒有安全感的人在一起？你說因為你沒有安全感，如果我堅持離開，你承受不了，會傷害自己。有幾次我真的躲起來，結果你傷害的是我，你刮花我的車、打電話到我公司說我私德不檢、在所有社交管道控訴我毫無理由的拋棄你。

也許你的一切問題都源自沒有安全感，我曾經這麼相信，也努力呵護著受此折磨的你。但現在我也變得沒有安全感了！我很害怕，繼續跟你糾纏下去，我的未來會完蛋。當我的朋友都找到生命伴侶，攜手養兒育女、侍奉長輩的時候，我還整天抱著你為著我不認同的錯拼命道歉。

我想告訴你，別人看到的你。

因為沒有安全感，你的控制欲很強。

因為沒有安全感，你害怕付出，無法照顧別人。

因為沒有安全感，你不容許別人有不同的想法。

不過，其實這些我都還可以幫忙。

讓我徹底承認能力不足，而必須離開的原因，是這樣的：

因為沒有安全感，你不敢改變，你不敢停止對別人的控制、指責和懷疑。你不敢嘗試變成一個有安全感的人。你不敢嘗試相信愛，你不敢靠自己變得更好。你以為你只能等待一個了解你的人，你以為真正愛你的人就能為你擋住所有的壓力，提供一個只有你而沒有任何其他東西存在的世界。

謝謝你讓我發現我也需要安全感，現在我要去尋找能讓我有安全感的伴侶了。一起加油吧！

條件

他的積蓄都進了女人口袋。希冀的溫柔仍
然只在遙遠的童年。

「他條件很好。」

「條件，什麼字眼啊！感覺好像在挑貨。」

誰不挑，有意識無意識地挑。有時以為自己全憑感覺，那感覺卻是潛意識挑上這對象之後產生的天雷地火。有時以為自己精挑細選，但卻像老祖母說的：「揀啊揀，揀嘎賣龍眼」。

若是挑選水果，我們都很樂意接受有經驗的人提供祕訣，承認自己常買到不甜的哈密瓜並不困難，但關於伴侶，我們更相信自己的判斷。就算口頭上詢問別人，那只是一種聊天的方式，下一次要跟誰談戀愛還是跟著習慣走。

純情先生覺得父母的婚姻好幸福，他早已暗自決定，未來的妻子會像媽媽一樣賢淑。他在伴侶市場逛來逛去，終於看到條件符合的女人。我們不知道他究竟看見什麼，極可能他自己也說不上是什麼促成他的判斷。他看到的當然不是定義上媽媽的複製人（那太明顯了會被朋友嘲笑），也許是某種髮型？某一個笑容？還是她處理某一件事情的狀態——有一天團體裡面有人生病，她衝過去照顧人的樣子？或者，是那次她受了委屈，柔弱垂淚的樣子？

到底是什麼勾動，讓他就此下了決定，無法被言說。如果我們認為內在那主宰性的力量並不隸屬個人管理，那麼這擇偶的決定其實不能算是他做的決定。

婚後他意外地發現（其實也不那麼意外）：「奇怪？她其實不像我媽，不像我媽的地方其實更多。」原來她並不符合期望，於是他們開始起衝突。他的感受與被騙婚無異。

婚前妳都那樣那樣，婚後妳卻這樣這樣。我被騙了，妳之前的東西怎麼都不見了。以為妳很關心別人，現在才知道妳自私無比，生活中妳只顧自己，從來沒有照顧我。他也常抱怨她「令人無法忍受的個性」、「我簡直不敢相信妳會這樣！」

理想化在衝突下破滅，或者應該反過來說，理想化破滅了，於是衝突不斷。

這已經不是第一次了。他認為自己老是遇到善變的女人，而他就是讓女人改變的開關，「不管起初再好的女人，跟我在一起之後都會變壞」，他找了一位男諮商師，幾次談話後，他覺得他已經通透一切，結論是：「我很擅長把女人寵壞」，所以，再好的條件也沒有用。離婚之後他決定改變，既然好女人都會被寵壞，那麼跟壞女人在一起也沒有差別。

然後他的積蓄都進了女人口袋。希冀的溫柔仍然只在遙遠的童年。

終景是年邁的他叼著一支雪茄，他父親生前喜愛的牌子。電視上的洗衣廣告，美麗的主婦笑容滿面捧起雪白柔軟的衣物，摩挲著孩子雪白柔軟的臉頰。

他發現自己看得入神，不太舒服地轉了台。命理專家手持面相圖板，詳細解說什麼樣的女人最蔭夫。他扶著眼鏡看了一會，前妻明明就有那種臉型，好像也的確在那裡有顆痣。

所以真的不是我沒挑對條件，是我太寵女人啦。沒辦法，這就是我這樣的好男人的命運啊。他再度覺得鬆了口氣。

就讓他這樣想吧。

家教

從孩子變成妻子，女人莫名其妙地演起記憶中的父母，一方面期待男人像自己對父親那樣的順從，一方面卻也期待男人演出自己從小不敢演出的反抗。

人有家教，寬嚴不同。有人藉戀愛擺脫家教，有人在戀愛中宣揚家教。

餐廳，一對年輕男女。

熱騰騰的炒菜上桌，男人把筷子伸進盤裡東撈西撈，夾起兩片送入口中。撈第二次的時候，女人急促地說：「要吃什麼直接夾起來就好，不要撈！」

男：「好啦好啦！」一邊繼續夾菜。

女：「你還是在撈啊！」

男：「就我們兩個吃，有什麼關係嗎？」

女：「你沒有必要撈啊，你就看準了再夾啊！」

小時候吃東西，長輩最常講的就是這句。從如此年輕的女子口中說出，感覺有點錯置。分明是在鬧區約會，還買了大包小包，女人的眼神卻十足老媽樣。

男人嘻皮笑臉：「撈一下會怎樣？我的口水妳沒吃過喔？」

女人咬牙切齒：「這要是在我家，會被我爸打死！」

她曾經因為撈菜被爸爸打過？或是看過家人、哥哥、姐姐、弟弟、妹妹被打？無論如何都是不愉快的經驗，於是她學會了夾菜必須精準。長大離家，有了新的生活和伴侶，原可擺脫嚴厲的規範，輕鬆地吃飯，但她扮演起父親的角色，把從小厭惡的事情帶入新生活。撈菜的習慣為什麼不好，可以有多種理由，但她給男友的只有一個──「會被我爸打」。眼前男人頓時變成一個吃飯規矩不好、不懂事的、會被爸爸指責的小孩。

伴侶關係的張力和距離常常肇因於此。身不由己地想把自己所受的家教送給另一半，好壞都不准對方拒收，有人要伴侶接受自家的照顧方式，「飯後要吃水果！我家都是這樣」，有人要伴侶遵守自家的律法，「不這樣會被打」。最單純的理解是人們內化了父母的教誨，變成自己也信守的觀念。但深層的運作不只如此，情感上對於父母的認同與抗拒，存在著矛盾，矛盾在親密關係中活化。

從孩子變成妻子，女人莫名其妙地演起記憶中的父母，一方面期待男人像自己對父親那樣的順從，一方面卻也期待男人演出自己從小不敢演出的反抗。

如果彼此都無法跳脫無意識架設的局面，一個願打一個願挨，他們的關係中就建立了父母與小孩的某種對應。

如果男人內心也有一個嚴厲的母親或父親，他可能慣性地接受女友的指正，說著「對不起」，立刻改進。但也可能本著「受夠了我媽，現在又來一個」的心情，對女友的建議反應過度，從此不喜歡在女友面前吃飯，或是頑強地反擊，例如「妳已經買那麼多還買！這在我家會被我阿媽罵翻」。避免不了的話，或許需要換個伴侶。抵抗太強的話，爭執不休，逐漸對彼此失望、不滿。而我們的男主角特別有趣，不逃避繼續吃那盤菜，也不罵人，從頭到尾都嘻皮笑臉，在女友呲牙咧嘴時還有興致說出「我的口水妳又不是沒吃過」這種親密的話。女友無計可施，只好搬出會打人的爸爸。

其實，這樣說的時候，倆人也有機會從無意識的互動中驚醒——那是她父母家中的生活方式，不贊同此行為的是她的父親。而現在，他們應該重新決定倆人要如何生活。

我們需要複製妳家的氣氛嗎？妳真的認為這件事很要緊嗎？曾經因為父親的嚴厲感到受傷或不被重視，可是現在卻用這樣的方式對待我呢！

女人心中有一個常被指責驚嚇的受傷小孩，覺得自己不夠好。在親密關係中，她努力地想貢獻一些好東西，搬出的便是她長年習得的好家教。但她卻無法察覺，藉由這樣的輸出，她也在嘗試把「不好的小孩」的角色送給對方，於是，你才是不乖的小孩，我是懂事的那個。我應該會被愛，再也不會被打了吧。

最兇悍的婆娘，內心往往是最無助的。這句話很多人說過，但男人聽了多半是搖頭而不是同情。有幾人能不被尖銳的言語刺傷，而能擁抱嚷嚷著該打的女人？

再一次，不只是愛或不愛的問題了。

體貼

被標籤為公主病的，以及堅信「體貼很不酷」的鐵漢，是一對沒有大人的孩子，兩個都偷偷渴望被呵護。

「如果體貼，其他什麼都不太重要。」

「體貼是一種能力。能不能體貼，不只是願意或不願意。有人就是缺乏體貼的能力，不一定是他不用心。」

吃飯，才覺得有點鹹時，她就遞上了水。走路，有點累時，他正提議坐下來喝杯咖啡。收到討人厭的老闆郵件而心情煩燥時，他提議聊聊天，自然地讓妳說出工作的瓶頸，積極但不干擾地傾聽並嘗試瞭解。

你睏倦時，她不會要你去洗衣服。妳失眠的隔天，睡飽飽的他不會七點就離開床鋪，啪嗒啪嗒地走來走去，嘩啦嘩啦地盥洗，還沏沏沏地煮濃縮咖啡。

想出門時他想看電視。想看電視時她希望一起打球。見到妳的家人時眉頭深鎖，嚇得妳媽媽趕緊告退。永遠搞不懂你收納的邏輯，永遠在破壞你的儲蓄計劃。你說笑話她以為要給意見，有困難需要商量時他不用大腦。

為什麼會跟不體貼的人生活在一起？因為體貼的人總是忙著體貼太多人？因為你不體貼，所以他的體貼也漸漸耗損終至故障了？

多半是，妳太體貼，一直看到彼此在這方面的落差。妳習慣讓別人愉快，見不得別人皺眉頭。而他對你的情緒和舉動習慣採取旁觀或無視的位置，無意干擾或無從介入。

一起生活的兩個人，需要一起處理對外的種種任務，妳認為「體貼」是一種隨時注意著對方的心力，是繁忙生活中給伴侶的「特留份」。因為忙而沒有多餘的心力體貼，是一個不可成立的理由。就是因為忙，才顯得出體貼。一個成天沒事的人的體貼，通常會被認為是在打發自己的無聊，甚至會讓人覺得有壓力，說出「你不要一直盯著我好不好」「我需要什麼自己會說」這種話。

「體貼」和「照顧」不同。在意伴侶是否體貼的人，通常自己可以做到定義為體貼的所有事，只是全部都自己做時感覺有點淒涼。如果沒有能力打點自己的需要，需要伴侶提供的是「照顧」，像父母照顧無助的嬰兒，而不是父母體貼嬰兒。

體貼不是義務，不是非做不可，就算沒做，嚴格地說也不能責怪他有什麼不對。

「你都不能體貼一點嗎？」

「我哪裡不體貼？你要我做什麼就說啊！」

「說了就沒意思了。」

「你是存心要吵架嗎？」

就算說了，例如「這種時候你可以幫我把那個拿過來啊」，得到的答案是「你自己拿也一樣啊！」

就是因為自己拿不一樣！但不體貼的人無論如何都沒有辦法瞭解的。

缺乏體貼的伴侶可以是兩隻各自發出聲音的樂器，各自的聲音都沒有錯誤，但就是缺少交互增益的共鳴，因此變成無趣但好像也沒有理由終止的曲子，許多夫妻把這種感覺稱為「沒有感覺」。

為什麼叫做「體貼」，「體」貼和貼「心」有什麼差別嗎？胡思亂想著，如果回到嬰兒與成人的早期關係來看，餓、睡、尿布、冷熱等「身體」的需求，是最早需要被照顧的。也許在記憶深處的哪裡，懷念著那種被打點得妥妥貼貼的滿足感和安全感。有一回我描述一對伴侶的親密，年老的督導說，這是與母親的關係啊！

被標籤為公主病的，以及堅信「體貼很不酷」的鐵漢，是一對沒有大人的孩子，兩個都偷偷渴望被呵護。

繼續尋找體貼的人，不知何日何方才能遇見。也許遲早要對心中的嬰兒說：「拜拜，大人見」！

服務

這個男人想提供的，是這樣的服務：我決定如何讓妳幸福，妳只要接受。妳不可能有不同於我想像的需求。我聽不見妳的想法。

在餐廳裡對坐。他嘴巴一張一合，急促的說個不停。她兩頰規律地鼓著鼓著，認真而確實的咀嚼。

他重複地說著：「有誰像我對妳這麼好？」「我都準備好了。房子下週就可以開始裝潢。妳把工作辭掉，不用那麼辛苦。我會接更多案子。」

「我不想辭。」她說。

「妳不用擔心，就辭掉。用我的就好了。」

「我不是擔心。我是不想辭。」

「妳不用害怕得罪人，妳們老闆那邊，我有認識的人可以去說。結婚辭職很正常。」

「我不是怕得罪人。我是不想辭。我同事結婚也都繼續工作。還有……」

此時服務生過來，大聲地說：「打擾了，為您加水。」慢條斯理地注水。服務生走開，他一把抓起杯子咕嚕咕嚕喝乾，提高了音量：「妳真的不用想太多。我都會安排。妳不用把自己弄得這麼累，下班還要學東學西，連跟我吃飯都沒時間。」

「我學東西並不累，是興趣。我若想跟你吃飯就會出來……」

「不用為了興趣這麼累。妳太忙了！今天要不是我直接去接妳，妳不知又要去上什麼課。妳都沒有感謝我的服務？」

「接我？你是來堵我吧。而且我之前就說過，不喜歡來這裡吃飯。」

「這裏很好啊！份量大，服務又好。」

她停下咀嚼，想著：認為這家餐廳服務好的人，跟我不可能有結果吧。應該沒必要再相處了。

作為這對戀人分手的最後一根稻草，這家知名餐廳的服務，到底有什麼特色呢？

他們採用的是時下常見的「標準流程客服訓練」，這種訓練不培養服務所需的心理能力，甚至把人性本有的體貼與理解能力都像硬碟重組那樣組掉了。服務生像背口訣一樣地介紹菜單、冗長地介紹吃他們的東西的正確方法，以非常堅持的態度，要求顧客停下交談，專心聆聽，還要全文聽完。接著不管是加水、上菜或是收拾桌面，每次都一邊說著「對不起打擾了」，一邊以非常打擾的方式進行要做的事，對於不同顧客的需求差異視若無睹。到這種餐廳，一點也沒有顧客至上的感覺，好像是到一所偉大的企業朝聖，被機器人按著「遵行方向」推送。相較之下，不如到沒有特別服務的地方，滷肉飯、麵店、或是夜市自己端食物的，感覺還更受尊重。

服務的中心概念是「以客為尊」，高階的服務，除了提供約定交易項目的滿足，例如餐點，還需要細緻的觀察力，能夠設身處地想像有什麼讓顧客更舒適的可能。那種標準流程客服，是低級的服務，與服務的精神背道而馳。看似提供許多舒適事物，但卻同時增加顧客的麻煩，處於領導控制位置的是服務人員，是餐廳，而不是顧客。

還有什麼比這象徵更貼切呢？這個男人想提供給她的，就是這樣的精神。我決定如何讓妳幸福，妳只要接受。妳不可能有不同於我想像的需求。我聽不見妳的想法。我提供好男人疼老婆的標準流程。

終於吞下侍者用了五分鐘才介紹完的甜點。跟他說完掰掰，她覺得非常輕鬆，再也不用吃這種飯了。可以專心想想明天上班要做的事了。

情書

讀愛人的長信，像在字裡行間泅泳，到處尋找著最關鍵的那句話，以各種變形表達的「愛你」。

大部分給心理醫師的演講邀約，都圍繞著情緒管理、紓壓健康、人際關係、人格類型、或是兩性、家庭這些主題，即便盡力說得輕鬆有趣，這些事情本身還是有點嚴肅，而且經常要觸動人心的傷痛或是不堪回首的記憶。

接近年底，陸續有企業體開始安排尾牙、福委、聖誕節等活動。

「可以請妳來演講嗎？配合我們的晚會。」

「好哇，不知貴公司需要什麼主題呢？」我很開心地問。最喜歡晚會了，有勁歌熱舞，說不定還可以參加摸彩。

「嗯……都可以啊，因為是員工的交誼活動，可以有氣氛熱絡的內容嗎？之前我聽過心理分析的課，回家哭哭兩個星期耶。」人事處美眉的聲音很可愛，好像很努力地要促成我參加。

「那，談愛情好了，比較不會一下就連結到成長創傷等層面的？」

「嗯……可是，我們是科技業，妳知道，很多同仁沒有男女朋友，談這個他們會哭哭耶。」美眉真是貼心。

討論了很久之後，我們決定要談一個很不專業的題目——「寫情書」。

原因是，愈聊愈多之後，我竟然聽說，經常被男生追求的美眉，從來沒有收過一封像情書的情書！

我大驚失色。情書不是生之必須嗎？沒有情書，人類不會滅絕嗎？「那你們怎麼談戀愛的？」

「臉書啊，LINE啊，你一句我一句，也會說很多，可是沒有收過一整封長長的信嘛。」美眉說，她問過一個男生可不可以寫情書給她，男生說：「我不會寫作文。」

後來我一直想著，長信與短信，到底有什麼差別。

讀愛人的長信，像在字裡行間泅泳，明知每一點細瑣的敘述都是情意，還是到處尋找著最關鍵的那句話。例如，以各種變形表達的「愛你」。

我想，長信是把「愛你」密密麻麻層層疊疊地包裝起來，穿衣打扮地，原本發聲說「愛你」，只會是短促的一秒，當它被織進絢麗的長信時，那一秒的時空大幅地延展，「愛」在文句間乒乒乓乓地彈跳，一次又一次地敲擊心坎，餘音繞樑。

相對於長信，透過網路即時聊天的短信，大概像是剝殼花生米吧。裸的、直接的，把要說的用最省力的方式敲打出來。一口嚼一顆，口感紮實，容易飽足，只是有時會不知不覺地吞太多。雖然沒有長信中複雜的彈跳和交疊加成的回音，但接連敲一百次愛你，接收的人也難不心跳吧。

擅於將情意織成長信的人，寫起短信也駕輕就熟。例如，「我收藏了一百個妳的笑靨」，在短信中也管用。但寫慣短信的人，卻未必能書長信。

幾天後，美眉打電話給我了。演講沒有排成，因為主管批示「主題不符同仁的職涯需求」。殊不知，情書寫不好的人，報告書通常也寫不好……

不過，我還是很開心，因為美眉說，她開始寫長信情書，結果男友也仔細回覆，「他其實有天分耶！」我則相信，這與天分無關。愛，總會喚起沉睡的超能力！

她者

他被選為共同演出者，與妳共謀，在脫離現實的地方，沒有其他的事物支撐，你們測試著己身被愛的絕對性。

「進入這種關係，我就是一個『她』者。」妳說。

她者，可以是他最欣賞的，他最關愛的，甚至是他花最多時間相處的，但是，另外那位「據說」不瞭解他，或者無趣或者跋扈的她，各方面不管怎麼樣，始終穩坐他生命中那個席位。

妳說不在乎另外那個人的存在。

妳說妳並不需要他離開她。

妳只是想找出自己痛苦的原因。

如果是十年前，我大概會直接說：妳痛苦的原因還需要找嗎？妳不是已經說得很清楚了？

在人與己的各種旅途中輾轉，我漸漸明白，這種痛苦的原因，的確不容易了悟。

自認為善良而心地柔軟的妳，為了愛情背負了任何人都可以謾罵的角色。無眠心慌的夜裡，在網路上逛到一個歡迎抒發心事的女性網站，妳只是留了一句「為什麼愛我卻不能離婚？」隔天醒來，妳的留言以下灌滿了殘酷的回應，來自那些常說「女人是女人最好的朋友」的「網友」（我極不喜歡網友這個名詞，何友之有），她們說「心理變態的小三」、「人家沒有告妳妳還敢嗆聲」、「妳會有報應」，還有好多好多。

妳用手機截圖，拿給真正的朋友看。

「何苦還拍下來呢？」

「提醒自己，別人是這樣看我吧！」

並不是所有婚外情都沒有誠意，我們相信。但我們困惑，如果他假日出遊後貼出滿面笑容緊摟妻子的照片，還勤快地回應親友留言，津津樂道她們度假的每一餐、每一個充滿歡樂的景點；如果同時聚餐別人問起，他談著太太最近的升遷、太太的新菜、太太如何教小孩得到科學競賽首獎，臉上溢出驕傲滿足的表情；如果他除了妳還有很多關心的女人，大家都是朋友……

這樣，妳到底算什麼？妳以為只要他有基本的誠意，妳就能堅毅地抵抗一切質疑與挫折，但在無數爭吵之後，他仍然不認為他做錯了什麼——「我沒有理由對我太太不好」、「她沒有做錯什麼」。

是的，這位無辜的太太當然沒做錯什麼，她也是他的自我中心的受害者。

而妳，別只談浪漫，別再矇著眼只想自己如何可歌可泣地為愛情獻身，在這不見天日迷幻之地，妳想要的和得到的，除了痛苦，是些什麼？

重演著一種千年以前被放逐的感覺，複製著被忽視的記憶，好能放在掌心揉捏改塑。因為具有合適的背景舞台，那裡附帶著一個競爭的女人、一個家、一股平凡人生散發的令人又愛又恨的氣息，他被選為共同演出者，與妳共謀，在脫離現實的地方，沒有其他的事物支撐，你們測試著己身被愛的絕對性。

全能的幻想終須破滅。當妳終於發現那種絕對性並不存在，妳想認識的痛苦會如蜂群般撲身螫刺。然後，然後。然後只要活過這輪，消腫之後，妳就是自己了。

態度

「如果拋棄妳，我就是壞人。如果拋棄她，我也是壞人。」

A小姐和B先生交往三年了。個性契合，相處愉快——只要不談到關鍵障礙就好。他們的關鍵障礙在於B先生另有一位無法分開的未婚妻。無論如何，B先生都無法說服自己拋棄未婚妻，他認為自己如果這樣做，會變成一個壞男人，他無法承受自己變成壞人。

當A小姐強烈抗議時，他不知所措：「如果拋棄妳，我就是壞人。如果拋棄她，我也是壞人。同時擁有妳和她，妳很痛苦，有朝一日她發現的話，她會很受傷。我沒有出路。無論如何我都是壞人。我好累，我不知如何過下去。」B先生對A小姐的確存有深刻的依戀和情意，但並沒有深刻到讓他能夠堅決地排除其他阻礙，與A小姐擁有完美結局的「好」，並不足以消弭他離棄未婚妻的「惡」。

伴侶之間難免有期望與所得發生落差的情況，一方想要的東西，另一方沒辦法給予。這些得不到又想要的東西可能是物質層面的、情感層面的、關係定位的、或是生活細節的，得不到的人很痛苦或很憤怒，感覺不夠被愛或不夠被重視，心裡轟轟作響：「太悲哀了吧！我連這個都不能得到嗎？」

其實，無法給予的那一方也很痛苦——除非是徹底自私、無感麻木、或者根本不是真心在交往，一般人發現自己無法滿足伴侶的需求時，也會感到挫折、自尊心受損、甚至憤怒。結果因為雙方都有難以承受的情緒，事情陷入僵局，長期無法解決，也無法解脫。

這種失望並不容易面對——如果實在無法滿足彼此，難道要分手嗎？分手或許可以讓自己不再承受一次次的失望，但兩人之間其他可貴的部分呢？也要一併割捨嗎？

為了逃避現實中的失望，人們經常轉移問題的焦點。

深愛著B先生的A小姐無計可施，自己也不願扮演切斷關係的劊子手。明知堅持自己的要求是沒有用的——B先生無法拋棄未婚妻，這樣下去只好自己離開。無法面對現實的A小姐，漸漸把焦點轉到B先生的「態度」上，她說：「我不要求你短期內離開她，但你不能一付理所當然的樣子！只要你態度好一點，知道你是虧欠我的，我就不會生氣。我氣的是你每次去見她，回來都沒有歉意！」

可想而知，根本的問題是他們的世界多了一個人，如果無法解決這根本的問題，B先生不管採取如何謙卑的態度，都無法徹底消除A小姐的失望與傷心。最後B先生也會情緒爆發，抗議「妳要剝奪我的尊嚴到甚麼程度！我受不了老是被當作罪人！」於是，這對無法取捨的伴侶，可能會投入好多個三年，繼續爭執「態度」問題，分不了手，也無法追求完整的幸福。

承受真相、面對失落，置之於死地而後生——只有這樣，才能從無望的消耗關係中脫身。

事實，比態度重要。

背叛

他說妳是啟發一個男人追求自由的女神，
還有什麼比這更奉承？

「妳這次戀愛，有希望嗎？」

「什麼希望？」

「結婚啊！妳，妳之前的不是都不能託付終身。」

「哦！你的意思是，我之前的男朋友都不是單身？沒錯，這一位也不是。」

「我不懂。妳一直說寂寞，而這樣的對象永遠會讓妳寂寞。不是嗎？」

「妳不懂。我並不是特意選擇有老婆的男人，我只是忠於感覺。我想跟隨我的『心』，而不是『腦』。」

「什麼是心，什麼是腦？妳指的是感性和理性嗎？」

只對他有感覺。或許我已經中了他的毒。

什麼感覺這麼毒啊？

「那一天，聊得盡興，意外發現兩人特別有默契……不約而同地點了一樣的東西……帶著同樣的筆電……做了幾個心理測驗，居然是同一型……愈聊愈多到了清晨……戀愛全是這樣的嘛，關鍵是？關鍵是，他說他很喜歡我。

我說：『你應該是沒有自由的人』。他竟然回答：『本來應該沒有自由，而妳讓我開始想要自由。』」

感覺站上指揮席，盛大開場。不知主旋律將會是華麗的冒險還是混亂的災難。如果這是蠱毒，咒語就是「妳讓我開始想要自由」。只要正確地唸出咒語，憑空簽署的自由立刻以存在之姿活動起來，讓人不得不追隨的感覺佔據了自我。

妳說這是心。妳以為的心，是什麼？那是誠實的、真實的嗎？如果追隨感覺就等於跟隨真心，那懊悔是什麼。席捲一切的感覺，是心的靈動，還是腦子產生的錯覺。妳有沒有一個擅長胡思亂想的腦，被各種慾望驅使，能夠編織最好的理由，但常常不理性。妳有沒有一顆靈魂本心，能辨真假的理性，但近來妳對它不屑一顧，錯以為它的名字是「腦」，認為它是無趣的自我壓抑。妳熱衷於那種瞬間釋壓、快速自信充滿的心靈成長課程，台上的講師鼓勵接觸感覺、追隨感覺，卻避談理性與情感間錯綜複雜的奧祕，也沒說如何鍛鍊自己才能區辨感覺——那些為了自我滿足和遺忘痛苦而喬裝變形的感覺。

「我本來應該沒有自由，而妳讓我開始想要自由。」總是被這樣的表態打動，四方八位依舊，卻失去了方向。決意遠離四維八德，不想面對自己的心虛和寂寞。這咒語無法提供承諾，無法免於難堪，甚至必須為它重新定義愛情，為什麼力量如此強大？

炫目的是熱鬧的卡司，舞台上永遠不只兩人，預期將充滿謊言、爭妍與鬥智。胸臆中鼓脹著勝利的滋味，彷彿輕功離地，擺脫沉重的挫折感，只是暫時也好。而最具價值的，難道不是他的獻禮——背叛？

背叛是與魔鬼的交易，價值在於交出的靈魂。妳無法拒絕以靈魂為獻禮的邀請，何況，追求自由聽起來多麼高貴！他說妳是啟發一個男人追求自由的女神，還有什麼比這更奉承？

為了妳背棄原則，為了妳不計淪落。背叛初衷，背叛道德，背叛他人，作為愛上妳的宣示。

妳，真的「只對他有感覺」？還是，妳只對使世界傾頹的自己有感覺？當一切都被自己的魔力摧毀，最初的咒語會回到妳身上。在數不清的痛苦糾纏之後，最後妳和他都想要再次自由，從彼此的羈絆和壓力中被釋放。

別說痛苦，別說放不下。從畸戀中換取自由所需支付的代價其實不高，只需交出妳最依賴的、用來防護脆弱的盾牌——

它的名字是，驕傲。

III 做姊妹的道理

四十歲與二十歲的失戀

二十歲被甩感覺比較慘，還是四十歲被甩感覺比較慘？

喂，老師，如果是一模一樣的情節，妳覺得二十歲被甩感覺比較慘，還是四十歲被甩感覺比較慘？」

我從沒想過會被問這種問題，說到被甩的感覺，應該都很慘吧？

提出問題的年輕女孩嘟著嘴說：「我總覺得會不一樣。」

二十歲的人感情經歷不多，自信和成就的基礎不足，失戀時自尊會遭受殘酷的震盪。且當時人生智慧的層面較淺薄單一、解決問題的資源也比較少，這都是很不利的條件。不過年輕就是希望，一切都可能重來，這是無法否認的優勢。

四十歲呢？四十歲還願意全心投入地談戀愛，結局卻是無情被甩的狀況，這跟發生在二十歲是一樣的心痛無比。然而，多活了二十年，有沒有累積較好的康復能力，個人之間的差異就很大了。並不是所有四十歲的人都比二十歲的有自信，自信需要不斷地努力才能穩定成長，在漫長人生中經歷各種挫折，如果不曾用心反思整合，或許自信比二十歲時還要脆弱不堪。反之，如果是在過去二十年中一直努力進修與工作，培養各方面能力，對於人際關係真心維護，對於心靈與人生哲學投入大量心血的人，應該會有較為豐富的資源，以及較為堅固的抗壓系統。雖然受傷時一樣會破皮流血，但至少比較熟悉如何敷藥。

四十歲失戀，最令人洩氣的問題應該是：「我怎麼會活到這把年紀還看不懂感情？經歷那麼多，竟然還會被甜言蜜語欺騙？」這就跟老媽媽被詐騙集團騙錢一樣，失錢事小，懷疑自己的能力才讓人沮喪。

其實，何不轉換一種心態？經歷二十年的各種情感考驗，就像皮肉多次受傷，但卻沒有變成刀槍不入的硬殼，仍然保有感受愛、回應愛的柔軟質地，這樣的康復力不也值得喜悅嗎？人與人之間的關係，受到各種複雜因素的影響，即便花費二十年體驗，也無法通徹所有的可能。發現錯誤的時候，就別再質問自己為什麼被變成傻子了吧！糊塗夠了，離開就是。沒有勝，沒有敗。沒有得，也沒有失。

年輕女孩突然說：「那我又想到二十歲的不利之處了！如果二十歲時失戀，情人投向一個四十歲的老女人，那不是很傷人嗎？擁有青春美麗的優勢卻還贏不了，難免質疑自己是有多差啊！」

嘿，可愛的妹妹，首先，對四十歲的女人說話時不要說四十歲是老女人。這點還要多學習喔。另外，想想四十歲女人也能得到真愛，難道不是很讓人安心嗎？

愛情，畢竟還是有點內涵的事。

女人最討厭的女人

為什麼女人如此痛恨「不靠自己努力卻能得到幫助」以及「心地不好卻能被疼愛」的女人？

女人如果對一個男人恨之入骨，多半有很清楚的原因。武俠小說裡謎樣的蛇蠍女子，天涯海角追殺的那位，莫不是從前有過一段情。那恨，不是出於愛，就是出於失落的愛——愛過我卻拋棄我。愛著我又愛別人。或是無論如何都不肯愛我。

除了男人，女人也會討厭女人。而女人如果對一個女人恨之入骨，原因經常說不清楚，旁人也很難瞭解。那種憤怒可以讓女人說出跟平常不一樣的，極為酸楚或毒辣的話，旁人（尤其是男人，特別是她喜歡的男人）最好不要露出難以理解或不以為然的神情，否則這憤怒會更加膨脹，若是男友或丈夫竟然試圖為「那種女人」辯駁，恐怕會招來一場情緒核爆的大災難。

我發現引發如此災難的「那種討厭的女人」，幾乎都被形容為某種特定的類型。因氣憤而顫抖的女生，罵的往往是一樣的點：

「她怎麼永遠可以這麼舒服的要別人幫她」。這位罵的是跟老闆說「我不懂耶」然後就什麼都不用做的女同事。

「說自己沒有能力，就可以賴在地上哭，讓別人來收拾問題？」

「那種人為什麼不會被揭穿？男人為什麼聽不出她的討好都是假話，都是心機？」

為什麼女人如此痛恨「不靠自己努力卻能得到幫助」以及「心地不好卻能被疼愛」的女人？傲慢的女人、白目的女人、好鬥的女人、多嘴的女人……都不被喜歡，但似乎很少被一致地恨成這樣。無法忍受，不共戴天，像眼裡的沙子般讓人又氣惱又委屈地淚流不止。

Q妹為此跟男友吵到分手了，求助於我。雖然男友個性外向，交遊廣闊，她一向不覺得困擾，但最近出現了一位讓她昇起恨意，必欲除之而後快的女性G。「我也無法解釋，G在臉書上的每一則回文，都很影響我的情緒，氣到找男友吵架！」仔細推敲那些回應，G的自我意象清楚地浮現於其中，這位女性不太回應與理性邏輯有關的文章，她喜歡回應關於自然、純真的故事，而且回應時總是把自己描述得脫俗精靈一般。

「一個自戀但沒什麼深度的女人，讓妳這麼生氣？」

「我知道妳要說因為我也自戀，才會這麼生氣。我承認我自戀。但是，我不會到男人的臉書說我幻想自己是可愛的小仙子，說我不染塵俗，那就像是脫衣服吧！」Q惱怒地說。「我痛恨無視於界線，沒有羞恥感的野蠻原始女。」

對我而言，這世上也有無論如何就是討厭的女性類型，以前我也會堅持著這種厭惡而不願拆解。心理學家榮格（C.G. Jung）說：「莫名其妙直覺討厭的人，是我們的陰影。藏有我們失落或害怕擁有的東西。」

Q是一個非常自制而努力上進的女孩，她很久沒有享受過肆無忌憚、大聲嚷嚷「我什麼都不用做就最可愛」的嬌蠻。對於那些安於柔弱卻向他人索取照顧的女人，我們有著矛盾的感受。靠自己的力量活著，有時候非常疲累孤獨，不知如何與他人連結，但又不願墮落為依賴而軟弱的人。

對女人對男人都一樣，恨之入骨，若不是出於愛，就是出於失落的愛。看似與自己相異的，所謂「惹到我」的人，往往能刺激我們認識內心尚未整合的矛盾。發生這種事時，是認識自我的好機會。若只是生氣，或只忙著贏得男人的認同，就有點可惜了。

可怕的姐姐

無法面對真實世界，無法安於平凡，充滿危機感而必須死命抱緊才女和美女的自我形象，不斷地與其他女性比較而無法連結。

私密的小型聚會，一群年齡相仿的女人們談起「可怕的姐姐」。

可怕的姐姐被定義如下：年齡四、五十歲，外表老了但內心仍以為自己魅力無窮。年輕時有一點漂亮，有一點聰明，在自己的圈子裡有一點表現，有一點名氣，偶被稱為才女，自己便深信不疑。時光流逝，修為智識沒有跟上年齡增加的速度。自視甚高，脾氣彆扭，除了作為被注目的亮點之外，完全沒有能力與人相處。從不曾真心欣賞別的女人，認為所有男人都應該愛慕她。沉浸於自己的寂寞之中，心態相當於男人的「懷才不遇」。

「這是女人應該同情的惡夢吧？如何不要變成那樣才好。同為女人，怎麼說人家可怕呢？」

「她們讓人沒辦法同情。她們對於比自己年輕而出色的女人，敵意超強的！」

然後，幾乎每個人都有親身經歷可以述說。

「我有一個永遠都在生氣所以法令紋很深的女主管，她專找可愛女實習生麻煩。」

「嗯嗯，我想到一個眼睛長在頭頂上所以抬頭紋很深的女客戶，我跟老闆去簡報時，她的視線都會穿透我，好像我不存在似的，只跟我老闆對話，她跟我老闆講話時好賣弄風情，魚尾紋一堆都跑出來耶。我覺得，我講得愈好她眉頭皺得愈緊。好像恨不得把我拔起來丟出窗外。」

聽聽這些字眼，女人之間，真是殘酷哇！

曾經被可怕姐姐攻擊的年輕女孩，不知不覺就到姐姐的年紀了。往上仍有防衛心強的更年長姐姐，往下多了躍躍欲試、恃男性寵愛而驕衿的年輕美眉。如何自處、不捲入女人慣性的分化與敵意，行有餘力還能提供一點溫暖，在這對女人而言相對艱困的世界中與姊妹互相扶持，著實是個考驗。

如同榮格描述的「永恆少年」——心態永遠處在青少年狀態、不受限制、不被耗損、也因而無法承擔責任的「永恆少年」，所謂「可怕姐姐」，是「永恆少女」的心理狀態。無法面對真實世界，無法安於平凡，充滿危機感而必須死命抱緊才女和美女的自我形象，不斷地與其他女性比較而無法連結，也無法成為提供照顧或保護的母性者。靠著熟悉但已不再適用或早就鏽蝕的武器，像是不可能恆久的美貌、不進則退的才情，或是男性出於性慾而給予的關愛，只會在焦慮中愈陷愈深。像那位童話中的王后，依賴著自己的魔鏡，終有一天魔鏡會說「白雪公主比妳更美」，那砸碎鏡子的時候，也是粉碎慣性自欺與防衛的時候。

一個悅納自我的女人，也由衷欣賞其他女性的美。女人間的嫉妒與敵意，是未癒傷痕滋生的恐懼。看見傷痕，就有同情，可怕姐姐或激進妹妹的傷害也不再那樣侵擾我們的心了。

巫婆的火炬

女性的成長歷程，除了眷戀慈愛甜美的關係，也必須學習與強勢的女性相處。

「不知為什麼，我周圍的人，都是佔我便宜的。」

「妳是指被騙、被唬弄之類的情況嗎？讓妳花比較貴的錢買東西？拿到比較差的？」

「不，我還算精明，要騙我沒那麼簡單。我是感嘆，跟我來往的人，常常吃我的、拿我送的，但久了好像都心安理得，也沒有什麼感謝我的樣子。偶爾，我以為有需要時，他們會主動幫我些忙，結果並沒有。往往認為既然我很有辦法，隨便操作一下就能解決事情，比他們費勁氣力幫忙更有效，何必煩勞他們。」

如此感嘆的，是習慣扮演大姐頭角色的成功女性。「關於交友，我好像有些盲點。還是人生就這樣？只能二選一，照顧別人的或被別人照顧的。」

「被人家照顧當然很好，但是我沒辦法忍受要低聲下氣的，有些人自以為在財富上或社會地位上有實力，就一副趾高氣昂的樣子。那種朋友我沒辦法交往。相較之下我寧可做大姐頭，偶爾被佔便宜，卻有自尊。」

回顧她的人際交往，大姐頭的確沒辦法跟實力匹敵的女性做朋友。一場宴會中，如果有人比她更出色，言論或排場比她亮眼，她便覺索然無味，下次不跟這人同時出現了。職場上聲名地位相當的，她只保持公事上的往來，私下若要相處，無法不感覺暗地裡的較勁，尤其是驕氣一點的，更讓她喘不過氣。

「朋友相處是要放鬆的，約個下午茶，我只想穿運動服出門，她竟然踩高跟鞋帶愛馬仕，店家不知道的還以為我混得比她差。害我都沒心情了，不如約那些比較純樸的姐妹。」「我也不喜歡見解很多的，閒聊時弄得好像辯論會，我說什麼她都有另一種看法，有時我只是隨口說說，當然觀點不是很周延，又不是在公司開會或寫論文，跟那種人在一起不能放鬆。」

此外，不常主動來約她的，感覺「不是很在乎我這個人」，大姐頭也不想來往。於是她身邊剩下的「朋友」，說巧不巧，都是出門時需要她出錢、有事時需要她出力的，有些私下還蠻嫉妒她的，最後因抱怨她驕傲而不歡而散的也有。

大姐頭的感傷使我想起資深的榮格心理分析師、也是古老傳說蒐集者，埃思戴絲（Clarissa Pinkola Estés）博士，在名著《與狼同奔的女人》中，她引述古老的俄羅斯故事「薇莎莉莎」：一位善良女孩的繼母和姐妹總是要她做很多事情（照顧她們的需求），但從不感激，甚至吹熄了家中火源，迫使她到森林中找可怕的巫婆求火。薇莎莉莎靠著親生母親死前留給她的人偶娃娃（慈愛母親的祝福），學會與脾氣刁難的巫婆相處，幫她煮飯洗衣、完成艱難的任務（例如：區分微細的種子與塵土），最終換得了火炬，而剝削她的繼母和姐妹最終在火炬中消失了。

女性的成長歷程，除了眷戀慈愛甜美的關係，也必須學習與強勢（或擁有更強能力）的女性相處，就像故事中的巫婆。自我期望高的女性，若太在意自己是不是「做得最好」「最被肯定的」，與能力強或相仿的女性相處時，很容易感到壓力、不夠受重視、沒有安全感或受威脅。漸漸地，身邊就只剩下比她弱勢的人，其實，在與較弱勢的人相處時，她也會給人壓力，所以對方較難回報對等的關愛。

人與人之間的競爭心、比較心就如同故事中的塵土，混合著有生命力的種子。能夠區分出來，與並駕齊驅的朋友互相砥礪，有時也因意見不同而爭吵，刺激成長，是很珍貴的經驗。要能夠如此而不被巫婆的脾氣嚇跑，需要「被慈愛母親祝福」的關係記憶，作為自信的基礎。

大姐頭需要的，或許正是找回「我不需完美也值得被愛」的深層安全感，然後能與巫婆的火炬玩耍。知道自己有時也是別人眼中能幹又有魔力的巫婆，何懼之有。

開始戀愛的女孩

母親說：不准妳受戀愛的傷。當年這對話的結果是我負氣離去。如今理解，母親是如何感受。

朋友家的千金，雖然不算很熟，但從曾有的相處和朋友口中，我感受到她令人喜愛的特質，後來還跟她成了臉書朋友。平日默默看她貼些學校活動或分享文章，偶爾低調按按讚。我謹守原則：媽媽阿姨輩的，免不了因為代溝而說話不合調，多觀察學習年輕人的發言才是。

但這天看見她的留言，我卻衝動地回應了！事後有點擔心自己說的話嘮叨，像足了「婆婆媽媽」，想刪掉留言，但貼心的她已經回應了，對我的話大表贊同。我心虛地想，真不知是這阿姨在安慰她，還是她在安慰阿姨。一時多感：如此細膩的女孩，還是得經歷那種辛苦嗎？

因為，她的留言是：「愛一個人好難……」從文中猜想，她受了委屈，身體也累病了，對方卻似乎不能體貼她的心情。

我忍不住想幫她打打氣。雖然深知這條路只能不斷跌倒、不斷挫傷、不斷前進，有時還只能迷路或打圈，每次看到無憂無慮的女孩逐漸長大，終於開始體驗愛情的疼痛，還是會生起許多的感觸和不捨。除了衷心祈禱她安然度過每一次考驗，愈來愈幸福，一個媽媽阿姨或老師能幫得實在不多，愛情這種事，不是靠別人的經驗就能加速成長的。

好幾位身為爸媽的朋友，小孩不在場時，都偷偷說過：「這孩子我什麼都不擔心，有什麼我們也多少能替她挺著，就擔心她那個性談戀愛會不會受太多傷！」不敢期待不受傷，只希望不要受「太多傷」，在愛情的魔戒下，最愛孩子的父母也只能許下如此謙卑的小小願望啊！會考不如意，爸媽或許還能代為向教育部抗議，自己的寶貝戀愛受傷，爸媽該向誰去討，才能免除一點孩子的心痛呢？

有人問我為什麼成為伴侶治療師或為什麼屢屢書寫愛情兩性，我不諱言：「因為在這條路上的跌跌撞撞好多，是一生花費最多心力和淚水的研修。」不只是自己的經歷，還有親人、在意的朋友的經歷，都曾毫不留情地磨鍊心志。從小不管是學業、人際關係、身體健康出了什麼障礙，家中長輩總是很篤定，頂多暗中施些助力，不動聲色地等我慢慢突破。剛入小學時，我怎麼都學不會注音符號的拼音，母音跟子音放在一起能拼成什麼，對我就像登天一樣難以想像。當所有同學毫無困難地唸「ㄅ」「ㄚ」成「巴」時，我總是一臉困惑，幾乎要被老師送去特教班了。即使如此家人也沒著急，只是花了幾個晚上好奇地坐在我身邊，試圖瞭解一向固執的我又卡在哪裡了。最後，媽媽終於發現，我無法直接接受兩個符號放在一起時，聲音要被合併的潛規則。媽媽不厭其煩地解釋之後，要我唸出子音，接著唸母音，同時一直要我「兩個音唸快一點」「再快一點」「再快一點」，當耳中出現合而為一的字音時，另一個世界突然在我腦中打開了！充滿新鮮的色彩和跳躍的符號！而且，我可以回去上學了！媽媽收起課本，只對外婆說了一句：「沒問題了，她頭殼沒有壞去」。

唯有戀愛不順時的低潮，老媽等不得，總是氣急敗壞地說我「頭殼壞去」，恩威並施要我們按她的策略處理。有段母女對話現在已成家中笑談，「愛情的路，媽已經吃了太多苦，哪裡有坑我都知道，為何不接受我告訴妳地圖，妳不用親身去跌那麼多坑！」「媽，我也得下坑看看，不然怎知坑裡跟妳說的一不一樣！」「妳敢！看妳跌下去，比我自己跌更痛！不准妳折磨老娘！」

當年這對話的結果是我負氣離去。如今理解，母親是如何感受。

好女孩，阿姨還是多話，願妳幸福！

真的愛自己

創傷敲裂了自我，在碎片之間，我們試圖決定哪一塊的自己是這次失敗的罪人，接著拼命地想驅逐這一部分的自我。

女孩失戀了，情緒惡劣，過了好幾個月仍然無法恢復正常生活。她要求自己一定要在一個月內好轉，可是她做不到。愈做不到，她的情緒就愈壞。「我讀了很多談論『愛自己』的書。我愛自己，所以不能讓自己這樣活在痛苦中。我必須立刻停止痛苦，過積極的生活！」

她懊悔曾經跟不珍惜自己的男人交往，恨自己被甜蜜與浪漫打動，無法接受「已經同居卻不被娶回家」的羞辱。憤恨與痛苦纏繞著、壓迫著，讓她透不過氣。

她的傾訴充滿尖銳的貶低與攻擊，被貶低與攻擊的對象不是別人，全是她自己。受傷之後，她不敢嘗試也不願再愛那個追隨直覺的自己。即使她清楚地知道，當初愛上那個男人就是為了擺脫慣性的無趣與規矩，如今被視為失敗的結局，使她迫不急待地想切割那個愛好自由的、活潑的自己。羞辱感像是即將流竄全身的細菌，彷彿為了保命，不得不截肢的病患一般。

每當有人勸她停止責怪自己，她會用更嚴厲的語詞，彷彿要說服別人，那個追隨愛情的「她」太危險，不撲滅不行。

陪伴她時，只能想辦法一起咀嚼大量的懷疑和憤怒，有時那些尖銳也會劃傷陪伴的人，例如，她常說：「你勸我接納自己，你說被拒婚不是羞辱，你說戀愛中自發的性行為並不會貶低我作為女人的價值，你的想法跟我不同。那你一定覺得我很愚蠢，你跟我男朋友一樣覺得我不好。」但如果順著她的想法，她只會更慌張：「果然！你也認為我被蹧蹋完了！我沒望了！」有些人就閉嘴了。

堅持繼續陪伴她的人，必須找出既非同意又非駁斥的一個立足點。那是一個能體會矛盾並且涵容整體的點。

心理上的受傷，就像一把斧頭，能把自我劈成好幾個碎塊。經歷負面事件後，驚慌困惑的人希望瞭解事件發生的原委，其中最重要的需求是重建安全感：知道原因，才能感覺事情在控制之下，能夠避免壞事再度發生。我們常看到受傷的人向外尋找事因，嘗試歸咎於他人的疏失、自私、悖德或不同的價值觀，但另一方面，我們更常在自己的內心尋找歸因，在被創傷之斧敲裂的各部分自我之間，憑著情緒或經驗，不管主觀或客觀，試圖決定哪一塊的自己是這次失敗的罪人，該為痛苦負責。接著拼命地想驅逐這一部分的自我。

有時我們驅逐的，的確是個只會惹麻煩的性格缺點，但更多時候，尤其在感情的挫敗之後，想排除痛苦的需要太急迫，來不及整理自己的渴望和恐懼，來不及區分哪些是值得保留的特性。

每個人都會說愛自己，但並非每個人都曾好好被愛而熟悉如何愛自己。失戀帶給我們自省與成長的機會，更能瞭解人性，認識自我與他人的需求，可以改掉某些習性，也可以再次肯定有些堅持是「打死不退」的。重新整合之前，需要經歷舊觀念的溶解。過程中的未知必定令人恐懼，因此我們容易急忙地逃避，躲進安全的殼裡。

嘗過戀愛辛酸的人，有些自此過著獨身的日子，對愛情堅決說不。這樣的選擇如果是經過充分自我認識而形成的，那是一個愛自己的決定，可以過得光采也可以自在。但有些看似如此的人，並不真正享受獨身，而是在感情受挫後無法理清，無法克服恐懼，只好無奈地封閉自己，只在別人看不見的地方寂寞哀嘆。

愛自己就跟愛任何一個人一樣，需要承受許多考驗，讓渴望發展的得以發展，累積更多智慧而能處理衝突的面向，為了安全而把一個自我塞進容易管控的模子，夢想和活力就一起完結了。

生氣的獅子

重新聽聽自己的咆哮，那是不是一種變調的哭泣呢？因為怕被人聽出可笑又可憐的部分，所以才喊得那麼大聲？

我不懂星座，更不是星座專家。原本我對星座的了解（或者該說是想像），就跟很多人一樣，來自小時候買的那種少女漫畫般的星座血型書，而當時購買的動機是想知道自己跟暗戀的男生配不配。後來有機會跟星座專家一起上節目，才知道這是非常奧妙的一門學問。

話說，某個場合有人聊起自己「生氣」的問題，跟星座似乎有關。

「我覺得很奇怪，為什麼有人生氣可以說出來呢？」Q說。

「生氣不說出來，憋著會生病吧？」我說。

Q說，她已經練到面部表情和說話口氣與內心感覺完全分割的境界了，有時她心裡氣得半死，別人卻以為她很開心。「只要還有一口氣，我就不准自己氣！」（此氣非彼氣？）

「可是你心裡還是在生氣呀？這樣有比較好嗎？」壓抑負面情緒並不等於消化了它們，而且憤怒會改由自己不注意的地方露出來，更難掌控。重點還是在於消化與轉化，這是我長期與情緒工作的體會。

聽我這麼說，她露出詫異的表情：「除了咬緊牙關忍耐，等沒人的時候搥枕頭，難道還有更好的方法嗎？」

原來，以前年輕的時候，她一生氣就會表達，但是每次都造成很可怕的結果，例如，把班上最可愛的女生罵哭，結果變成同學的公敵，於是她的少女時代自此陷入黑暗。對家人生氣時，更是毫無顧忌地表露，結果弟弟已經快要十年不正眼看她了。而讓她決定改頭換面、再也不准自己生氣的那次，是未婚夫被她嚴辭責備之後，流下男子漢的淚水，顫抖著、沉痛地說：「原來我無法帶給妳幸福」，說完就脫下戒指走了。

她的結論是：「我是那種內在破壞力很強的人，我一生氣就會造成毀滅，因為我是獅子座的！獅子一咆哮別人就會被嚇死！」

看我愣在那兒，她說：「欸，妳是什麼座的？」

不好意思說我正好就是這個嚇死人的獅子座，只好巧妙地轉開話題。但這讓我認真地回想自己與憤怒相處的經驗。說不定真是獅子的本性，我也曾經有這種感覺，只要生氣，與人的關係就會毀滅，彷彿自己體內藏有極大的破壞力，甚至因此討厭自己。但我沒有變成一個壓抑情緒的人，也沒有繼續隨意暴怒，這要感謝我生命中的幾位重要人物，包括家人、朋友和師長。一方面，有人夠強悍，不管我如何狂暴也不為所動，這使我覺得自己的破壞力根本不怎麼樣，還是學撒嬌比較有用；但另一方面，也曾有我很在意的人，總是堅定溫柔但明確地告訴我，我的憤怒會傷人，該適可而止。但他們都沒有在我憤怒的時候棄我而去。

憤怒的起源往往是一種心理上的防衛，藉以轉移失望或恐懼，尤其是不受重視或不被愛的感覺。但憤怒也是認識自我最快捷的道路之一。人格發展的過程中，需要有穩定的關係對象，讓我們可以安全地探索情緒，從中學習如何代謝像憤怒這類的負面能量，才能繼續活在複雜的人際關係中。

自以為是獅子，但只能嚇人卻不被愛嗎？重新聽聽自己的咆哮，那是不是一種變調的哭泣呢？因為怕被人聽出可笑又可憐的部分，所以才喊得那麼大聲？

試試發出不同的聲音吧，世界會給予不同的回應的。

讓我們一起老去

非常女人的所有物，愛情、身體、意志，
在時光穿越的側風中，都好容易溜手。

幾位朋友的近況。

M剛離婚。孩子長大了，老公突然說人生已過一半，他要去追求自由。

T留了一個訊息：「我要告別子宮了。」

L說：「這幾年到底老了多少？是要繼續ㄍㄧㄥ著，節食、運動、打扮，還是可以讓意志鬆懈了？」

問著彼此，人生最重要的東西到底是什麼？

和我一起過的人生，如果你覺得是種浪費，我當然可以賭氣地說，這位先生，那麼拜託你快點放我自由！但我並不是真心這樣想的。如何不艱難？經過這麼多年，被你充分認識之後才被你否定。旁人叫我不要那麼在乎你，要放開。該放開什麼？我在意的，是你？還是被你否定之後，不知如何定位定向的自己？

沒有子宮，妳仍然是妳。正確的說法當然是如此。但我為什麼一直想著十六歲、跳舞時的妳的模樣。年輕的子宮也輕快舞著。後來它孕育了幾個孩子，孩子有可愛之處更有叛逆，老公很忙，一向是如何操勞操心著，只有妳自己知道。

非常女人的所有物，愛情、身體、意志，在時光穿越的側風中，都好容易溜手。

原來這些都不為所有嗎？只不過借我們用用。一向以為自己就是什麼，終究被瓦解了，得重新認識了。如L所說，最近開始對「自信」這詞感到迷惑。「以前看書看到自信這兩個字，一定直接跳過整段，我最不缺的就是這東西吧！」現在卻無法確認自己活得到底有沒有價值。

我眼前浮現史丹博士（Dr. Murray Stein），慈祥的老教授，有回演講「中年轉化」時，食指指天地說「RENOUNCE！RENOUNCE！RENOUNCE！」的樣子。Renounce，最貼切的翻譯，應該就是「斷捨離」。丟掉以前的認同、防護、面具，重新認識自己真實的面貌。「這本來就是人生做完基本那些事之後要進行的。」如果想著：人生都過一半了還要重新認識？還要從頭建立一切？的確滿可怕的。若知道這本來就是人生過半以後需要做的事，就安心多了。

最後還有一個故事：

「有位住在心裡、特別的人，每年歲末，我一定會捎信問候，說的是又過了一年，沒說的是我仍然想念你。我打算一直這樣做，至死方休。可是，去年他沒有回信。擔心了一下，後來確認他還活著（老人的思維啊）。分手了二十年，有必要現在斷絕嗎，真是的。去年我還想著，不管他如何無情，我就是要一直寄到死為止。

結果，這年我經歷一個手術，手術前因為不知會不會活得過，便把重要的東西都收好，當然包括他的地址和信件。耶誕節前想寫信，才發現我完全想不起來他的地址，也完全沒有印象那些東西收到哪裡去了。」

也算是一種釋懷。

人生的過程，所需面對的一切，需要一路了解彼此的姐妹扶持。或許，一起變老，就不那麼可怕。

Ⅳ
不夠好　也可以

豆豆童話

當男孩有顆豆子，人們讓他的豆子能通天取寶，像傑克的仙豆。當女孩有顆豆子，怎麼就只是該被除去的異物？

（一）魔豆或異物

有些人感受比較敏銳，對於別人不覺得怎樣的事物非常有感覺。例如，食物的滋味、衣物的觸感，溫度、氣息、聲音或視覺的微小差異，進入她的官能系統之後，彷彿在顯微鏡之下，經過訊號放大一般，產生無法忽略的感覺。

每個人敏感的方面不同，如果是食衣住行五感方面，都還不難處理，儘量避開不舒服的即可，也不太需要為難自己，整天懷疑自己「有毛病」或「難搞」。但敏感若是針對著人際互動這個面向，事情就很不一樣。特別是親密關係，許多性格纖細的人，常在自我懷疑中掙扎：是他太傷人，還是我太敏感？要求的太多？

說到敏感的經典，不能不想起安徒生童話中的《公主與豌豆》。故事大意是有位王子渴望尋覓一位真正的公主作為伴侶。有一天，一位狀似落魄的女孩來到城堡，表明自己是位公主，不巧在風雨中變得如此狼狽，請求住宿。王子的母親為了測試她的身分，在床鋪上放了一粒小豌豆，再蓋上二十層軟墊和二十層羽被。第二天，女孩被問及睡得如何時，竟然表示自己一夜無眠，因為床鋪底下好像有一顆巨大的異物，讓她渾身疼痛。於是，王子非常欣喜，她被認可為一位真正的公主，王室立刻為倆人舉行盛大的婚禮。

關於王子與公主婚後有沒有永遠過著幸福快樂的日子，我小時候非常不看好，我寧可相信娶到這種挑剔又沒禮貌不知足的公主，應該要是一場災難。不然就是，這種公主配上竟然會欣賞她的王子和婆婆，活脫是一場白癡的盛宴。年紀老大以後，讀到評論家的各種分析，有人說是安徒生借此諷刺當時社會上的貴族階級，尖酸地暗喻他們標認彼此身分的荒謬與蠢態。這大約可比擬為現今權貴階層聯姻時，雙方提出「我有多少管道可以賄賂政府」，或者，作者若生在此時此地，可以寫一篇「女孩說出自己的爸爸有多少製黑心油的廠房，男方掐指一算可得的暴利，馬上求婚」吧！

後來，在許多與女性深入心理工作的經歷中，我逐漸看見，這故事在女性心中引起的困惑與反感，常常隱含著成長的失落，以及不願被擾動的孤獨。

現實生活中，性格特別纖細敏感的女孩，有的是天生本性，有的是曾經遭遇心理傷害，變得過於警覺、敏感，防衛，無法放鬆自在。不論源自什麼，心性敏感的人都有一段比人辛苦的個體化旅程，那個性就是一顆讓人無法安穩甜睡的豌豆，懂得欣賞它的人極少，大部分人都只看到她麻煩難相處，更少有人願意呵護，幫她鋪上四十層羽被軟墊。

我曾感嘆，當男孩有顆豆子，人們讓他的豆子能通天取寶，像《傑克的仙豆》。當女孩有顆豆子，怎麼就只是該被除去的異物？

每個性格特質都是一顆種籽，即使在一般人眼中是負面的，也可能蘊含正面發展的潛力，就看個人能不能真正認識這顆豆豆，讓它發芽成長，如同傑克的仙豆。如果缺乏對自我各面向的深刻認識，一遇到挫折就想用粗暴的手法懷疑自己或試圖反轉自己的個性，硬改也改不過來。

纖細的感覺可以只用於整天跟「搞不懂妳」的男朋友吵架，也可以轉而投注於創造性、藝術性的事物。當性格的種籽不再被層層羽絨壓制覆蓋，我們才有機會看清它的實質，決定它到底是一顆有價值的仙豆，或真只是一個源自心理缺陷的殘渣廢豆，不要輕易否定自己。

（二）除豆或種豆

「你所謂的，讓個性的豆豆發芽成長，是什麼意思？」在前一篇中，我們談到正面面對自己個性中的「敏感特質」——四十層床褥底下那顆讓公主徹夜難眠的豌豆，雖是顆麻煩豆，卻也標示了公主的個人特質。

無論如何我必須強調，現在提出的角度，絕對不是鼓吹人們抱著自己的缺點不求改進。當然不是！而是，不要以為用蓋被子的方式，那些豆豆的存在就可以被忽略、就不會折騰人。我們必須公允地瞭解那豆子的本質，以及它與自己的關係——也就是說，正面反面地觀察這種個人特質能激發我們成就什麼？也能阻礙我們什麼？最重要的是，必須公允，兼顧主觀與客觀地瞭解，而不是毫無自信，隨便交給別人決定。

什麼是蓋上層層被子，不發芽成長、永遠只在床褥底下砭人的無用豆豆，需要用實例說明：

R小姐來找我時，開門見山就說：「請改變我會嫉妒的個性」。她單身，跟一位已婚富商交往。但富商除了妻子，除了R小姐，還常邀約身邊有魅力的女性出遊，R從他的手機簡訊中判斷他與多位年輕女性維持著曖昧的友誼。每次發現這種事，R就會表達不滿，但富商總是搪塞「朋友啦！我就是喜歡交朋友」「她有工作上的事來問我」，一次一次，他都有藉口，而她總能找到證據直指他藉口的漏洞。漸漸地，富商不再為自己辯護，轉而批評R的個性：「妳老是戀愛不順，就是因為妳控制欲太強」「妳太敏感了」「妳說是因為在意我才吃醋，但我不認為！因為，我來找妳的時候，妳總是要吵架，根本不珍惜跟我相處的時間」「我太太都不擔心我跟那些小女生來往，妳為什麼要這麼敏感？」

不知道各位是否也跟我一樣感嘆「歪理一堆」——我很想勸R小姐靜下心來看看，她戀愛不順，真是如男友所說，因為她控制欲太強，還是因為她根本所託非人？一個有家室又喜好擁有眾多女性圍繞的男人，能讓她有安定感嗎？真正的問題出在她太敏感嗎？還是，幸好她還有這點敏感！能像床底豌豆般時時刺痛她，敦促她不該接受現狀，否則她會渾渾噩噩地待在這不踏實的感情中，繼續浪費自己的生命？

因為經濟上和情感上的依賴，又與家人關係不佳，她缺乏支持與資源，不敢挑戰她床鋪底下的豆子，她一直認為自己的方向應該是克服嫉妒，這樣倆人就不會吵架，她太害怕他翻臉不來找她。她可以找出幾十個理由，為男友的不忠行徑合理化，但那就像在小豆子上鋪滿層層的柔軟羽絨，她還是感覺得到那異物。

這種分不清有用豆子和廢豆的情況，出乎意料地常見！例如，很確定自己想要結婚生子，卻跟老是避談婚姻的男人交往了十年，三十六歲生日時悲從中來，決定提出最後通牒，結果男友選擇分手而不是結婚。無法承受被拋棄，S小姐不斷攻擊自己，質疑自己太守舊，毀掉了一段十年的感情。她也希望我除去她的個性豆豆——固執己見，談了許多，我發現她其實是一個心地開放，能夠接受不同看法、並且願意挑戰各種觀念的人，我告訴她我對她的感覺，她大嘆口氣，過了許久，幽幽地說：「其實，除了想結婚，我跟他在一起幾乎什麼都依他，朋友家人也沒說過我是堅持己見的人。只有他。」

R渴望專一感情的個性，可以發芽為親密關係中的守護者。S為人妻為人母的願望，可以發芽為一個家庭的滋養者。這些是多麼美麗的種子！這些主人需要的不是除豆大師，而是真心的支持，多一點對自己的信任，能夠拒絕別人把豆子放在她的床上，又鋪上四十層欺人的被子，把她塑造為一個壞脾氣又不滿足的怪物。

維納斯的復仇

從隱喻的角度來說，有些女性無法與匹配的男性以平等的關係相處，原因正是她們過度執著於內心理想化的父親形象。

愛情能帶給人們無上的滿足，但它造成的挫折總是更多。一群失戀的女人聚在一起，討論該如何詛咒那些可恨（事實上很可愛）的負心人。

找情敵麻煩的邪惡點子很多，從職場到社交圈到她南部的老家，我們聽過太多，原則和方向都很一致，總之恨不能像希臘神話中的冥后普希芬妮（Persephone），把招惹老公的女子變成一根薄荷草。但如果是針對負心人本身，往往很難決定該怎麼做。

「詛咒他跟新歡絕子絕孫？」呃，不好吧？有信仰的人擔心這樣說會報應到自己。況且台灣生育率已經太低了，這樣不僅違背佛理，還兼對不起國家民族。

「讓他被他選擇的人背叛或拋棄，嘗到跟他給我的一樣的痛苦。」嗯，但妳也知道他就是沒心沒肝，一個走了馬上找下一個，根本傷不了他。何況被新人拋棄後，空窗期說不定又回來糾纏心軟的自己，麻煩。

「祝他事業不振、窮困潦倒？」那，以後人家會不會想，我們交往過的人這麼不成材，想必我們的條件也不怎麼樣，也算是丟自己的臉。而且，有一種慘敗的經驗如下：男人潦倒之後，妳的情敵女人並沒有離開他，雖然妳認為原因是沒有其他人要她，但男人卻非常感動，更加愛她了，於是他們就過著窮困的日子，因為常常沒錢外出，所以整天都相擁在被窩裡。我想這絕對不是妳喜歡的局面。

跟愛情有關的債，就要他用愛情還吧！這是女神的看法。羅馬的愛與美之神，維納斯（希臘神話中稱阿芙洛黛蒂），對於得罪她的人，所用的懲處方法往往耐人尋味。研究文學的友人說，已婚的維納斯偷情時被太陽看見，向她的老公告密，恨死太陽的維納斯採取的報復手段會是甚麼？

她讓太陽陷入戀愛，愛到日夜顛倒亂七八糟。這才是究極的苦。

我想起另一段神話：傳說中沒藥（Myrrh）的來源。麥拉（Myrrha）公主生得非常美麗，她的母親和她自己都為此非常驕傲，甚至認為麥拉比維納斯還美，因此觸怒了維納斯。維納斯懲罰麥拉的方法，是讓她無法愛別的男人，只愛自己的父親。在這個神話中，麥拉喬裝成別的女人和父親亂倫，父親發現後，大怒揮劍要殺她，懷孕的麥拉慌亂逃亡，整整走了九個月，最後再也支撐不住。厭倦活著，但仍怕死，她祈求上天給她一條不活也不死的路。於是她被變成沒藥樹，同時產出兒子阿多尼斯。

這是不是最可怕的詛咒呢？雖然實際的亂倫並不多見，但從隱喻的角度來說，有些女性無法與匹配的男性以平等的關係相處，原因正是她們過度執著於內心理想化的父親形象，俗話說是戀父情結。這樣的心理狀態也導致她們在戀情失敗時，心傷過重而無法放下，深陷於被拋棄的情結中。最後還得絞盡腦汁詛咒對方。

話說，不管被詛咒變成什麼，為愛而受的苦，最終還是美麗的，還是被推崇的。薄荷雖然變成草，她的香氣氤氳千年，沒藥更是珍貴的靈藥。

妳的愛呢？

稚成人

偶爾幼稚，是情趣；持續幼稚，終將情去。

專欄主編給了「稚成人」的話題。

幼稚的成人？既然幼稚，還算成人嗎？

可以想像那衝突性的存在，成人的身體內，配備著幼稚的個性。我被問到：感情中的幼稚是好還是不好？

妳想要一個幼稚的情人嗎？答案多半是否定的。但如果問：「想要一個能讓妳幼稚的情人嗎？」就會看到被問者露出夢幻的微笑。想！在情人的寵溺中幼稚，用娃娃音說話，直接表達情緒而不須壓抑，不管做什麼都不會被指責，需要什麼都會被猜中並且被滿足，智能可以休眠，只要信賴他，他有能力撐起一片天。

近乎瘋狂的幼稚需求，如果有人真的覺得這樣很可愛，也想愛這樣的人，不是很可怕嗎？若不是控制慾、自戀、或內心隱藏著相同的幼稚魂，誰想為自己的人生訂購一個大嬰兒呢？

關於親密關係，鼓吹重視自我獨立的論述太氾濫，有些是真的鼓勵自我成長，有些根本不鼓勵成長，而是提供無法成長的小孩一個休息的地方，溺愛般地說「不能縱容你就不是真愛」、「若愛你就應該這樣那樣」，好像在幼稚園被同學欺負時，哭著找阿媽，阿媽總是不分青紅皂白地先說「兜幾咧死囡仔敢欺負阮心肝，阿媽來去找殷爸！」覺得阿媽真是世界上最瞭解我的人了。而爸媽老師，總是要來個分析：你做了甚麼？這樣人家當然會想扁你了。下次你要這樣，不可以那樣。所以，爸媽根本不瞭解我，都沒有同理我，我真是孤獨不被瞭解的孩子……

幸福在哪裡？妳想聽的，或許是「在一個不須磨合的真命伴侶的手裡」。但若是像在法庭作證那樣，手按著聖經說，幾人敢出此妄語？我見過的真實世界的幸福，都是兩個願意為對方不再幼稚的人，願意發掘自己的力量，更有智慧的理解對方，更有耐心的包容對方，更有決心放棄依賴而能脫離互相剝削的病態關係。兩人可以一起負擔人生的困難，偶爾一起純真，但絕不是只有一方無盡的幼稚著。

像大人般提供著安全感，出錢出力又永遠和顏悅色的他，真的只要看妳爛漫的笑，就滿足了嗎？疲倦的時候，煩躁的時候，他對妳沒有任何需求與期待？當伴侶不再同步，像大人的愈像大人，像小孩的愈像小孩，這當小孩的一方，應該覺得很有安全感，還是因為自己完全沒有功能而更沒有安全感呢？

「他說，能照顧我是他此生最大的榮幸。」你真心如此相信？什麼樣的花容月貌，什麼樣的秀逸性情，可以永遠不須學習體貼別人，不須包容，不須退讓？情人離去時客氣地說著「我配不上你」，你想過他的真心話，到底是誰配不上誰嗎？

如果真正自信，何須隨興刁難，何須用他無盡的包容證明自己值得被愛？永恆少女躲藏在夢幻的自我影像中，拒絕長大，在自覺獨特的驕傲背後，隱藏著無法接受缺失的脆弱，不知如何面對人世本來就存在的粗糙。這樣的的任性出自恐懼。

偶爾幼稚，是情趣；持續幼稚，終將情去。

外星人

不管跟別人多麼不同，每個人都有家鄉。

最近我訪談胡娜小姐，印象中她仍是馳騁球場的網球名將，其實近年她手上除了網球拍，還多了一支畫筆！胡娜說，她開始畫畫是因為一個夢。「比賽的壓力很大，我經常夢到在球場上卯足全力地揮拍……但那一晚，在夢境中，我一直打不到球，低頭一看，手上握的竟然不是球拍，而是一支畫筆！」隔天她就到處尋覓，購齊畫畫的材料，把心中的影像勾勒出來，結果出現一幅外星人打網球的畫！之後幾年，她完成了數百幅畫作，巡迴國際開設畫展，引起許多共鳴。

我們一邊聊天，一邊翻閱她的畫冊。她擅長呈現鮮豔靈動的色彩，畫中的面容總有一種獨特的表情，彷彿是與周遭解離但又像是體悟的眼神，邀請我進入一場又一場無言的對話。

我好奇地詢問，真的沒有拜師學藝嗎？

「沒有。」

我說，那是她的天才了。

胡娜笑說，打球的確是有天分，從小就被專業網球高手的外公發掘並且用心栽培，而畫畫，是天意透過她傳遞訊息。

「外星人、天堂等等，妳覺得是要傳遞什麼訊息呢？」這是我私底下問的。那時我們剛談了她的環保系列畫作，包括一幅「憂鬱的火山女神」。

「嗯……」她想了一下，柔聲說：「或許是，讓地球上的外星人想起家鄉。」

還好我是在廣告時問的，因為心裡突然湧起好多感覺……我果然是外星人嗎？

剛上國中時，國語日報有篇連載小說，主人翁是一個相信自己來自外星的少女。青澀寂寞的時期，探索自己的身分與認同，挫折與迷惑，感覺自己與他人格格不入，「原來我是外星人……難怪……」這樣的依歸，奇妙地讓這個酸澀的階段變得能夠忍受了。結局是她穿著矯正脊椎側彎的鐵架參加畢業舞會，喜歡的男生終於擁抱了她。鐵架並沒有如她擔心的那樣毀掉一切。

這個故事是要告訴青少年的我們，勇於接納自己的缺點，相信美好的未來吧？這個故事的確幫助了少女的我，但完全不是因為上述的寓意，而是讓我鬆了一口氣地發現，如果學習做地球人的一切努力都失敗了，我也不會

「不是人」，而可以是「外星人」哩。

「什麼！妳要這樣寫給雜誌刊登嗎？要大家懷疑妳的心智嗎？」「唉，年紀大了，開始緬懷古怪少女心啊？」以上是我的（沒有少女心或是順利變成大人的）同事們的評語。我忘記外星人的事很久了。當年一位也相信自己是外星人、但堅持說她的星星比我的進化的密友，已經不在這個人世。我不知道她去了哪裡。有時候會想她有沒有遇見其他消失的我深愛的人們。

「妳的星星那邊是怎樣？」

「我們那邊的人都傻傻的，什麼都很簡單耶。妳的呢？」

「我們不一樣。都很聰明的。什麼都知道。」

我不服氣地問，那妳知道妳四十歲時會怎樣嗎？

她臉上有一種我不明白的表情，她說：「我沒有要在這裡待那麼久。」

不要問我外星人是什麼。有那麼多外星，您是說誰的啊？重要的是，不管跟別人多麼不同，每個人都有家鄉。

年輕學生興奮地說，現在風靡的韓劇正是關於一個外星人呢！很浪漫！

為了真愛不想回外星，可是不回去可能會死掉哩。

「妳相信吧？」我說。

「怎麼會相信啊！老師你好愛開玩笑歐！」

唉，地球人啊！

假裝

為了欺騙別人、達到目的而假裝，至少自己還知道自己在假裝。但是，對自己假裝到忘記真正的感知，那是失去自己。

長年以女性欲求與自由為書寫主題的英國作家、諾貝爾文學獎得主朵麗絲‧萊辛（Doris Lessing）於名著《金色筆記本》中，說到：「可怕的是，假裝二流的東西是一流的。當你需要愛時卻假裝不需要；或者，假裝喜歡自己的作品，其實心裡深知你能做得更好。」

萊辛是一個誠實對待感覺與需求的女人，為了堅持自我，當然得付出代價。她第一次結婚時不到二十歲，生了兩個孩子之後，據說為了新的愛情而離婚。第二次婚姻也在數年後告終。作家生涯中，她寫自己想寫的東西，不受限於主流思潮。得到諾貝爾獎時，記者守在家門口採訪，她卻是一派不以為意的平常樣，好像只想趕快把買來的雜貨放進屋裡。

對照幾天前在電視上看見的某國環球小姐選拔賽，第一名佳麗聽見主持人宣布自己獲得后冠時，立刻用雙手遮住臉，過了一會兒才放開，露出某種「我正在做出喜極而泣的表情」的樣子。那一連串動作看起來很假，彷彿獲得后冠一定要「不可置信」然後「喜極而泣」，於是她也遵照傳統，演出大家熟悉的樣子，總之說服力很低。不過，事後想想，為什麼會覺得她的表情不真實？說不定她內心真的有那些感受？或許，太標準、太公式化的表現，容易讓人覺得不真實。畢竟，太多人想假裝成標準的樣子，結果「真的」反而有時會被認為是「假的」也不一定。

一切的真真假假，只有自己知道。

假裝，是一種奇妙而複雜的行為。人類如何學會假裝？為甚麼需要假裝？從「假裝」還能衍生出「偽裝」、「撒謊」、「隱瞞」、「欺騙」……。我們的確活在充滿偽相而不是真相的世界。有時候假裝是社會化的必要功能，隱藏自己而配合別人，出發點並不都是邪惡的。萊辛所說的「可怕的假裝」，是對自己的欺騙。如果是為了欺騙別人、達到目的而假裝，至少自己還知道自己在假裝。但是，對自己假裝到忘記真正的感知，那是失去自己。

真實面對己身所有的感覺和需求，比想像中還要困難。我們都會試圖排除難以處理又讓人痛苦的情緒，例如挫敗感、孤獨感、憤怒、渴求等等，當現實中無法順利排除這些感覺時，人們會在無意識中將之切割，忽視它們、否認它們，同時也切割掉與這些情緒連結的部分自我。在整合自我的過程中，我們必須重新認識並且拾回這些被切割排除的部分。

不再對自己假裝，才能逐漸蛻變成理想中的自己。

隱私

到底該為我們的人情味感動，還是頭痛呢？

搭上計程車，「你好，我到忠孝東路復興南路交口。」司機大哥爽朗地說，「好。」接著便問：「欸，去那裏找朋友啊？」我說，「歐，不是。」他再問：「要買東西嗎？」我說：「沒有要買東西。」這樣的對話，竟然可以再延續十分鐘——「約客戶談事情嗎？」「住那附近喔？」「妳常去那一帶？」「一般都這個時間出門嗎？」

我告訴朋友：「司機先生們的想像力真好，難道都是偵探出身的嗎？」朋友說，那是因為我都不肯答「是」，人家為了寒暄只好繼續猜。「一般人都會隨便答是嗎？」我很驚訝。「誰會認真記得跟乘客聊天的內容啊，隨便說說，填滿車上尷尬的時間就好了。妳愈認真說不是，人家只好更認真要猜對啊！載到妳的司機先生一定覺得妳是怪咖啦！」於是，我決定下次一定要答是。

隔天，我上車的地方旁邊有家幼兒美語班。司機先生問：「送小孩來補習喔？」「呃，嗯。」我依照朋友的叮嚀，這樣總該沒事，不會再一直問我了吧？

結果，司機先生問：「男生還是女生？」糟糕，已經下不了台了，既然是送小孩來，不是男生就是女生，總不能說都不是吧？於是，我囁嚅著說：「女，女生。」（此時心裡竟然開始猶豫，既然有小孩，到底是要男生還是女生好呢？……怎會入戲了！）接著，司機先生很熱忱地細問下去：「幾歲了？」「妳總共生幾個？」「只有女生？那要趕快再生啦！」「妳幾歲？」「不會啦，這樣不會太老。」……結果，在幾次從那個地方上車的經驗中，我身不由己地演出了好幾種人生。某回，我是一位全職的主婦，有一個念幼稚園的女兒。女兒美語天分很好，但不太喜歡彈鋼琴，因為覺得我沒兒子很可憐，司機先生還介紹我哪一家醫院的生殖中心比較強。另一回，為了避免討論生殖中心的事，我變成有一子一女。然而話題變成男生與女生天性的差異、我該不該讓兒子跟女兒幫忙做家事、兩個小孩都補美語花費很高，這樣做媽媽都沒考慮到先生的經濟負擔……另外一次，我改說只有一個小孩補習，結果被教訓這樣不公平……最後一次在那裡搭車，我決定堅持事實，一被問就回答：「不，我不是送小孩來補習。」車內安靜了好一會兒，我以為沒事了。

此時司機先生緩緩地說：「沒有小孩生活很無聊吧？」

到底該為我們的人情味感動，還是頭痛呢？買個保養品，專櫃小姐要問：「你用甚麼洗臉？」買菜，攤上阿姨要問：「妳都幾點下班？一個禮拜煮幾餐？」漸漸地，我不再覺得那麼困擾了。直到有一次在倫敦，我搭上計程車，說明去處後，自言自語地說，我去找個以前的老師。司機先生從後照鏡瞪了我一眼，一句也沒搭理。我才驚覺，我好習慣台灣的方式啊！

不正統戀愛作家

在一個需要偶像完美的社會中，能引領我們看入幽蔭的人，只會待在暗處。

「我要停止寫戀愛了。」被稱為兩性作家的作者說。

兩性作家其實應該稱為「戀愛作家」，因為世上不只有兩性。

「不在那種階段很久了，不想再寫距離個人生活愈來愈遙遠的事物。現在應該寫寫中年危機或銀髮健康了！」

如果能作為一種專家，「戀愛專科」，人生處於什麼階段不是問題，就像百歲醫師可以理直氣壯地書寫嬰兒，沒有人會認為他應該剛生小孩。但現今所謂兩性作家與讀者的心理關係非常特別，那不是一種學科式的專業角色，許多人自動認定兩性作家書寫的是「真實的」個人體驗，文中出現的念頭，不論顯義、隱義、直擊、迂迴、謳歌或反諷，常被賦予需要言行合一的言論責任。於是，以純情為主題的作家被逮到出軌時，被唾罵為「說謊」；以自在單身暢銷的作家奢華成婚時，批評湧現，彷彿檢肅一名教義的叛徒。

兩性作家到底算不算作家？對照小說家看看——小說家可以寫一百本太空遊記，照著他的描述飛不進銀河，但不會有人怪他不負責任。創作本應自由，但兩性作家的存在模式並非如此。個人體驗有現在式，也有過去式，但除非保持神祕、使用筆名、而且不太暢銷，兩性作家是有使用期限的，無法長期書寫過去式。一個兩性作家甜蜜成婚、兒女成群、銀髮閃閃之後，還能數十年如一日地書寫曖昧、失落、其實他沒有那麼愛你、你到底有沒有真的愛自己、一個人也很好、你在那裡好否、我在這裡守候……嗎？

你以為，可以寫啊，但就像過季的包包還是可以用，問題是如何呈現才不會有過季感呢？這或許是兩性作家真正踏入寫作殿堂的門檻。

個人形象婚姻穩定，卻能持續歌詠不忠的作者，需要懂得在文字上進出，什麼是個人、什麼是角色，來去自如。而無論寫藝如何高超，都還是有形象黑化的風險，需要有些義膽。從事筆耕的朋友說這是難免的包袱——描寫不倫者的心緒，貼文隔日收到激憤的回應：「不知道大老婆的心酸，還袒護小三，你自己也已婚，根本是心理變態，祝你有天也遭背叛！」

相較於這種題材，一般正面正統正念的主題，都該算是容易的柿子，放眼望去，同類書架上充滿未婚男未嫁女的嬉戲，以及孤芳自賞的療癒，鎖定的讀者群究竟是大眾還是小眾，還有待推敲。為熟年人士進行諮商時，總聽他們說找不到讀得下去的戀愛書籍，「困擾我的不是那種小女生的問題」。

我相信戀愛可以是一輩子的事，可以一輩子都戀愛，但不同階段的愛情有不同的基質，這是事實。壓箱的故事不容易書寫，無法開口的戀苦，只因情節悖離正統。

如果有一天，你以為婚姻美滿的朋友幽幽地說：「我失戀了。」關鍵人是誰？你第一個猜的是她的丈夫，還是她的祕密情人？如果有一天，妳視為貴族的單身朋友，吐露她長年與人夫人父相伴，你會如何傾聽，如何真心支持？

不正統的黑暗國度，逼視人性更為徹底。可惜在一個需要偶像完美的社會中，能引領我們看入幽蔭的人，只會待在暗處。而排斥黑暗的眾人，未必擁有光明。

親愛的，你和你的簡訊，是有罪的

另一半如果跟別人以曖昧簡訊往來，視情節輕重，可以集簡訊換獎金？

新春第一次錄音，共同主持人選擇了高挑戰性的題目：辦公室戀情。孤男寡女在同一個公司談戀愛就已經有點麻煩了，而我們要談的重點卻是已婚者的辦公室戀情。

沒錯，在我們這兒，所謂「文明」的國度，這是犯罪無疑。但因為罪犯眾多，的確值得用開春特別節目來探討啊！兩小時節目中，最大的收穫是從律師那兒學到，另一半如果跟別人以曖昧簡訊往來，視情節輕重，可能可以集簡訊換獎金?!

據說，在老公手機中發現：

「想我嗎？」

「不只想你，還很愛你！」

舉凡可以推測兩人之間存在超友誼關係的簡訊，都有可能成為呈堂證供，獲得數萬元不等的獎金。（抱歉，我被更正了，正確和正經的說法應該是：獲判數萬元不等的撫慰金。）

至於，這算什麼罪名？

「精神損害那一類的。」男主持人說。

誒！聽起來不錯，原來我們的法律有被斥為落伍的通姦罪，也有如此細緻的、精神層面的考量?!

走出錄音間，我打電話告訴喜愛蒐查老公手機和臉書的姐妹淘，常聽她說得很嚴重，或許可以集一筆不小的獎金，呃，賠償金。以後喝下午茶她都會請客吧。

她的語氣變得非常振奮，「有！我要換錢！給我律師電話！」

一聽她這樣說，我突然失去原本開玩笑的興致，變得很擔憂，老公真的做這種事，她心裡有多難受啊！

「誒，真的喔？他真的跟人家那個喔？那妳還好嗎？」

「對啊，可惡至極。精神損害！就是這句沒錯，我以前都不知如何形容我的感受。昨天才又吵架。他就是不覺得有錯！」

我們同仇敵愾地聊了很久，答應幫她約見大律師後，我總要問一下詳細的犯案內容吧！到底是什麼簡訊？

「我逮到他傳臉書簡訊給一個女同事，說：『妳這篇我很有感覺。』就是那女的的臉書貼文啦，我老公意思就是說她寫得很好，他有共鳴！」

「然後呢？」

「然後她回說：『謝謝。有人懂真好。』」

「然後呢？」

「沒有了。」

「什麼，就這樣？」

「對啊。」

「這樣妳就精神損害？」

「損害很大啊！」

重複這幾句話很多次之後，我只能幫她去問律師。

大律師望著我半晌，用他磁性、感性、不解但充滿同情的聲音說：「這個不行喔。」

是啊是啊，我也這樣想。但我朋友真的有受到精神損害，她說她都睡不著，想到就哭，工作都不專心呢。

「精神損害是指被事實損害，妳這朋友想法好奇特唷，這麼容易受損害，也太脆弱了？這算是自己的問題，我認為應該屬於妳們那一專業，心理醫師處理的範圍，不是我這邊的。」

歐，這樣啊。其實我也是這樣想啦。我只是幫她來確認啦。

故作瀟灑地跟大律師說拜拜後，我深深瞭解我朋友的孤獨感。什麼自己的問題啊！她是個作家，老公從來沒興趣也沒時間讀她寫的東西，如今竟然去欣賞別的女性寫的臉書日記，每天忠實拜讀，還明言讚美，哪一個女人會說這沒有特別的意義。心情當然會很不好。當然要找他質問。當然要挑明他心裡的鬼祟，他就是對那女的有好感，一定要阻止這種曖昧發展下去啊！

心理醫師聽到這種描述，應該要說『我瞭解妳的感受』，而不是『好奇特的想法』。可是，你我畢竟都承認，法律不能管到這種層次的事。如果這樣就算犯法，也太超過了。

那又為何有通姦罪呢？

有一種默契，在人們生活的地方。什麼樣的不爽算是自己的問題，什麼可以求償，說有道理也不全有道理。

我們知道，我們默許。於是我們在愛情中，孤軍奮戰，拼命建立自己的律法。

親愛的，你，和你的簡訊，是有罪的。

只有我這樣判決，但不只我瞭解。

有一種無言，叫做心知肚明。而獎金，就算了。

每個人在意的事

裸體跟人打招呼，或是使用別人的浴巾，
到底哪一個比較恐怖？

天氣涼了，洗溫泉或做桑拿的時候，最討厭甚麼事呢？

人太多的時候？感覺自己像是一顆渺小的溫泉蛋，跟其他成打的蛋們擠在一起。這個我不太喜歡。或是有人大方地站在出水口，盡情地沖擊腰腹臀部，讓別人都泡在她的下游水裡。這個一定會立刻起身離開。

對此，大家都有一樣的感覺吧？不過最近我發現，每個人在乎的事其實差別很大。

話說，進入水池或淋浴間時，不是會把大浴巾掛在牆上成排的鉤子上嗎？例如，明明數好自己的浴巾是掛在右邊第三支掛勾上，結果洗完澡出來，那隻掛勾是空的！浴巾被別人拿走了，這時該怎麼辦呢？有些地方可以隨意拿到乾淨的毛巾，但近來可能為了響應環保，或是經濟不景氣需要節省成本，即便是很昂貴的沙龍或俱樂部，店家也開始把毛巾收起來，不再讓顧客自行無限取用了。所以如果浴巾被拿走了，方便一點的地方，可以裸體在場內尋找服務人員，請她們幫忙重新拿一條，若是不方便的地方，可能得裸體走回更衣區，濕濕地穿上自己的衣服，再到外面的櫃台要新的浴巾。我本來以為這是偶爾才會發生的倒楣事，但它發生的頻率卻超乎我的理解！真的有不少人不太在乎用到別人的浴巾！否則為什麼不小心一點呢？

聊起因為這樣而必須裸奔的事時，我的朋友很擔心地問：「那別人有認出妳嗎？」我說：「有哇！服務人員或是其他顧客，經常會跟裸體的我打招呼，還上下打量我，所以才說浴巾被拿走是很困擾的事啊！」朋友很驚訝地說：「妳是笨蛋啊！隨便拿一條別人的，稍微遮掩一下，拿到新浴巾後再偷偷放回去，總比光溜溜地亂跑好吧？」

「什麼？妳們都會這樣做嗎？」我大吃一驚。沒想到幾位朋友都一致點頭，有一位說：「是我的話，或許還會裸體去找毛巾，不過如果像妳這樣會被人認出的話，當然一定要遮起來啊！」

這是不是很困難的抉擇呢？與朋友這般討論之後不久，我在健身房又遇到相同的事。這次我盯著一條別人的毛巾，卻始終下不了手。裸體跟人打招呼，或是使用別人的浴巾，到底哪一個比較恐怖？對我而言，絕對還是選擇裸體的呀！

在這生活的小糗事中，我再次深刻地體會到，每個人在意的事真的很不一樣，難怪人與人之間有那麼多的眉角和誤會。現在遇到身邊的人無厘頭而感覺生氣時，我都會提醒自己，想想被朋友視為裸奔狂的自己。

每個人為什麼堅持某些事情，只有她自己才瞭解呢！

收藏

為了收藏，僅有的那幾分鐘或幾小時必須用於採集而無法活在當下，連那想要珍惜的片刻本身也失去了。

收藏，一種對抗失去的嘗試。

收藏情人的笑容，關愛的表示。照片、禮物、票券，共處時的碎屑如他的一根頭髮。收藏的同時，清楚知道片刻多麼短暫，存在多麼飄忽。不久的將來我們不會再見，在彼此能夠找出共享真實人生的方法之前，不知是誰但至少有一個會先決定撤出。於是每一次見面都朝向結束邁進一步，就像天數短暫而範圍遼闊的團體旅行，每一處行到之時已是離去的開始，雙腳尚未踩上該處，就先約定集合離開的時間。有人用相機捕捉景色，有人匆忙購物，總之先捆包收藏，儲備日後慢慢反芻，回味那些不能擁有的他方。

為了如此收藏，僅有的那幾分鐘或幾小時必須用於採集而無法活在當下，連那想要珍惜的片刻本身也失去了。和那些重要的人事物之間，總是隔著一邊採集一邊失落的心的鏡頭。因為不知如何擁有，因為太害怕遺忘，只能把那美好的時刻用來採集。然而，離開了當下，反芻時往往走了味，或者因為不斷地忙於採集新事物，捆包更多不能擁有的經驗，根本無暇反芻。

轉檔再轉檔的情書，勉強還能被新的程式語言辨識，但對於更新汰舊的抵抗，逐漸由頑強變為無力。往前奔跑的歲月中，有一天往日情人寄來包裏：「所有妳寄給我的信都在這裡。暫時寄放妳那裡，這仍然是我珍視的東西。」新的生活沒有空間存放往日的收藏，是因為他搬到一個比較小的屋子嗎？有了一個管比較多的老婆嗎？已經寄出的信，回到自己手上，這又該歸檔在收藏的哪一個類別？他仍然珍視卻無法帶在生活中，那如果我這邊的生活也沒有空間存放呢？無言的對話，帶不動的收藏應該由誰出手清除？如果繼續存放下去，到底算是誰的所有物呢？

人們收藏的當然不只愛情。

有位老太太過世後，國外的孫女回來爭取她的一份錢財。家人說，妳從沒回來看過阿媽，這會兒還真有心。孫女說：「因為我沒有與阿媽相處的記憶，所以更需要擁有阿媽留給我的東西，這對我意義重大。」家人都不以為然，但長年陪伴老太太、備受鍾愛的那個孫子卻說：「我能瞭解她的心情。」

一項調查指出現代父母在子女重要的時刻多半忙著錄影拍照，一位父親說，在女兒的表演會上，他全程都在錄影而沒有坐下來觀賞，事後發現錄音操作失誤，對於女兒的第一次鋼琴演奏，他一點也沒有聽見。

藉由物件回憶曾經擁有的甜蜜，想像不曾擁有的美好，填補損壞或失去後的空虛。我們繼續收藏，地老天荒也不中止，直到生命的盡頭，那時，或許有一兩樣想要握在手中的東西。

收藏再多，最後能握著的，其實也只是那一兩樣啊！

活出夢想

知道現實與夢想的差距，且不被差距嚇退的人，才可能逐夢前行。

「活出夢想」，我喜歡這個說法。而我剛與一個有夢想但無法活出夢想的人對話。

工作機會和收入不如預期，卻堅持頂尖的品味和格局，還要照顧周圍的親友，因此生活總是超支。為了彌補超支，必須委屈自尊接受資助，即便如此也總是焦慮著。旁人不解，都提供相同的建議：既然賺得少了，就花少一點，也不須對別人那麼慷慨。但她無法接受，當親近的人這樣建議，她感到被刺傷，憤怒地回應：「你竟然不了解我的層次！」

有高層次的理想很好，但若是把自己釘在高高的理想上，跟真實的處境距離太遠，就必須承受兩端拉扯的痛楚。拉扯得太嚴重，人格便分裂成兩半。一半闊綽慷慨，一半數著赤字，擺盪於驕傲與自卑之間。前一天興奮地展示手機中身著華服的社交照片，覺得非常幸福，後一天覺得這世界低俗到讓人無法忍受。

她堅持說：「我不要把任何一天浪費在廉價的粗糙中，也不願對別人小氣。」

那讓她難以忍受的，扎手礙眼的粗糙感，到底是什麼呢？

她有夢想，夢想中完美的她能夠帶給別人快樂與希望。她一直活在這個夢想中，拒絕與此不相稱的對待，但現實是無法被遮蓋的，總有旁人的一句話、一個表情，提醒她，她並不在自己所想的那個高度。無法欣賞本質的自己，甚至對自己的某部分感到厭惡，當這樣的真實穿透層層偽裝而顯現的時候，便覺得粗糙無比。

人們都說，有夢最好。但光夢不做，不僅會扼殺生命的可能性，無法創造新的價值，還會讓人失去本來擁有的。

榮格分析師柯曼（W. Colman）曾為文細緻地區分「創造性」和「封閉性」的想像。說起來都是「夢想」，有人的夢想是用以突破框架，敢夢敢做，發揮無窮的創造力，完成令人驚訝的成果；有人的夢想卻只是用來安慰自己，逃避現實的挫折感，幻想自己擁有其實並不擁有的，並沒有實現夢想的行動力。

積極創造的夢想和麻醉逃避的夢想，兩者根本的差別，在於是否能有意識地面對「夢想中的東西，我現在並沒有」，那是一種「知道沒有」的心智能力。知道現實與夢想的差距，且不被差距嚇退的人，才可能逐夢前行。

舉個例子，如果夢想成為優秀畫家，必須先知道現況與理想的距離，誠實檢視自己缺乏哪些技巧和素養，用心學習，朝理想接近。如果從夢想產生之時，就以優秀畫家自居，閉門不求精進，作品不被欣賞時就憤世嫉俗，自認懷才不遇，那麼永遠無法活出夢想，只能活在夢想裡了。

夢想可以推動我們，也可以吞噬我們。知道自己是什麼不是什麼，才配做夢啊！

人際關係

把思考聚焦於自己的取捨，才能改變不喜歡的處境。

大部分的企業邀請演講時，都會指定「人際關係」的主題，不然就是「情緒管理」，其實情緒管理說穿了也是在處理人際關係，或者，是在消化人際關係中產生的不愉快。

要在兩小時的演講中剖析「人際關係」，十足是個挑戰，而且公司演講都會附帶要求：「請提供簡明可行的有效方法」，彷彿員工聽完兩小時的演講之後，人際關係就會改善似的。我曾經以為只有不了解心理學的老闆才會提出這種天真的要求，後來，經歷上百場次，聽過各式各樣的提問和討論，我發現這種期待或許是有道理的——表面上人際關係的困擾有千百種，但究其模式，其實不出幾項根本的問題。

最常見的是「預設」的問題。例如：在職場中預設「升遷完全是根據工作表現而決定的」，這就像在人生中預設做善事就會幸福，或在感情中預設愛人就會被愛一樣，雖然合乎真善美正義公平的原則，卻不符合人類實際的經驗。

「我幫公司做了很多，老闆自己也常說多虧有我，說我很有能力，但是他卻升遷別的同事，那同事很差的！他需要我做事，可是卻升他的朋友。他是什麼心態？」提出這個問題的同仁說，他為此氣憤得數週難眠。我請他回顧自己如何處理這些憤怒。他說，他問過老闆對他有什麼不滿？老闆說沒有。結果他更生氣，「如果對我沒有不滿，為什麼不升我？那就是對我有不滿了嘛！既然不滿，為什麼不告訴我？這樣是逼得我走投無路啊！」

相信許多人都經歷過類似的事，有些人會為此困擾數週，甚至數月、數年，深受憤怒的情緒折磨，始終無法改變情況。但有些人卻能很快地看清狀況，「跟著這個老闆，除了工作表現之外，還要討他歡心才能升遷。」接著開始問自己：「我要更努力地討好老闆以求升遷，還是堅持自己的個性，不升遷也沒關係？或者，我該換個工作，找一個憑能力就可升遷的地方？」

把思考聚焦於自己的取捨，才能改變不喜歡的處境。

相反的，如果思考聚焦於「老闆怎麼可以這麼離譜」，接著又加上一些不合邏輯的推論，原本只是一件不公平的升遷，最後卻理解為針對自己的迫害，如此憤怒是很難平復的。

類似的推論問題諸如：「他們一群人有說有笑，但都沒有人注意到我的存在。實在太侮辱人了！」「叫我來待命，結果卻什麼事也沒輪到我！根本就是在整我。」

許多時候，我們在乎的人——老闆、朋友、愛人或親人，可能重視別人勝過於重視我們，因此把我們需要的東西給了別人，或是為了方便別人而麻煩了我們。他的行為動機是為了滿足那個更受重視的人，而不是為了傷害我們。應該說，傷害我們只是他滿足別人時產生的副作用，而我們並沒有重要到讓他太在意這個副作用。此時，如果不斷想著「為什麼他要傷害我？」一定會陷入無解的，說穿了，他眼中根本沒有我們，就連特意做什麼來傷害我們都嫌麻煩啊！不如面對自己不受重視的事實，重新定位與這個人的關係，或是增強自己的影響力吧！

中年人的臉書

到了中年，自身的成就是什麼？成就在自己身上，還是在孩子身上？

一則朋友在臉書上的留言引起了大家的注意。某位已屆中年的同學參加公司的運動比賽得到冠軍，開心地貼上領獎的照片。其他朋友紛紛按讚恭賀，不僅敬佩她了得的體能，也敬佩她在忙碌的工作和養兒育女的生活中，還能保持著年輕時的完美體態。「哇！完全沒小腹耶！」接著有人說：「妳真是太厲害了！我們都只能貼兒子或女兒比賽的獎狀了，妳卻還能有自己一馬當先的獎盃可以貼啊！」

像臉書這樣的地方，一般人都用來發布什麼呢？這則訊息讓我恍然大悟，回顧所見過的發文內容，的確跟年紀有關！年輕男女大量地貼上自拍照、搞怪創意和心情日記，但中年朋友的確較少貼自己的照片，除非是旅遊，或是特別場合盛裝打扮的。

中年人也不時興發表心情日記，沒有人實地調查過原因，或許中年人公開傾吐情緒時需要更大的勇氣。年輕的抒發是敢愛敢恨，酷。到了一定的年紀，多少顧慮別人是否會說：「到這階段了，還沒學會安頓身心？」

於是，中年朋友發布的訊息不外乎幾類：美食，吃這個吃那個、這裡吃那裡吃、跟這堆人吃、跟那堆人吃、吃便宜大碗、吃高檔珍稀。每天打開手機都有看不完的美食照，不少朋友已經十年沒見，在路上遇到大概也認不出來，但我卻知道他每週、甚至每天吃的東西！不然就是各式各樣的推薦：旅遊景點、夢幻相機開箱測試、紅酒、名店糕點、哪裡有小朋友的奇特才藝班……，影音連結、奇文軼事。

除了這些，最最大宗的，就是小孩：無數的小孩照片，從爬到走，從唱歌跳舞到圖畫、作文、美勞的特寫，各種比賽的殊榮，還有「第一次送小孩出國參加夏令營，孩子通關前的背影」。

到了中年，自身的成就是什麼？成就在自己身上，還是在孩子身上？成就重要嗎？還是美酒、美食、美景比較踏實？

有沒有人愛貼父母的照片？溫柔地說，母親好美？有沒有人貼過爺爺奶奶而不是孩子的勞作？在老人大學學的書法？插花？

臉書，這個新的科技工具和生活方式，奇妙地成為一扇窺見生活的窗，一部龐大的雲端人生記錄器。或許它只是個人有意識地選擇公開的小部分，但它如實地反映了人們生活的主軸。

我想起家裡阿媽的話：「這一代人們觀念西化，對孩子的熱情比對父母多得多。」不知道再過十年大家會如何。朋友們七十歲的時候，會不會在臉書記錄小孩多久沒聯絡了呢？

想到這兒，還是貼張自己的照片如何？

解釋的義務

我們活在一個連陌生人都自認有權利問別人私事的文化中。這或許有其優點，但我並不欣賞這種文化所造成的人際界線混淆。

偷閒睡覺的上午，家裡電話突然響了。是沒有看過的號碼。

有點強勢的女聲說：XXXX飯店，目前推出會館用餐六折優惠。現在要贈送四張餐卷、四張健身房體驗卷，很榮幸代表XXXX飯店致贈您體驗會館的機會。

耐心聽完之後，我輕輕地回答：「謝謝您。我不需要。」因為有太多次跟這種電話談得不愉快，旁邊的人說我太兇了。現在我都刻意很溫和。但「不需要」這三個字仍然是我覺得最適合的用詞。

沒想到她竟然揚起聲音，與其說是驚訝更像是指責地說：「怎麼會呢？您或家人總是要用餐的啊！」

我沉默了兩秒，確定自己抓到更溫和的語調之後，更輕更輕地說：「請問，我需要向您解釋我不需要的理由嗎？」

她愣了一下，很驚訝也不太高興地說：「吭？」然後又重複唸了一些關於此項推銷的目的、價值以及可用性，聽起來主旨是「正常人都應該歡喜接受我們的餐卷，因為正常人都要吃飯」。

她還算好，聽我如此回答後，就草草結束對話。我也遇過不死心而繼續糾纏的，真問我：「好啊，妳解釋看看怎麼可能不需要！」那麼我就得說出準備好的台詞。

如果有空，我可以說：「你猜？」

如果沒空，我或許會說：「我對貴館的餐沒興趣。」然後她可能會問我：「為什麼沒興趣？」

那麼，如果我有空就再說「你猜！」沒空就說：「你們的東西不吸引我。」然後她可能又問：「你哪一天來吃過什麼餐？」「哪裡不滿意？」「下次可以點別道！」或者她會說「自己不想吃也可以把餐券送別人」，總之沒完沒了。

朋友告誡我，不可以說我想說的話，例如「我沒空也不想花油錢去你們那裡吃。不行嗎？」「憑幾張券，你就要問我的地址、姓名、手機號碼，說不定還跟我要其他個資。去你們會館試用時，會要我買一年五年的會籍，到時候如果想拒絕，又要重複上面那種對話好幾個循環。最後多少還要擺臉色給我看，好像我只圖白吃不想付費是可恥的。我才不會為幾頓免錢的飯配合你的需要哩。」

朋友說這類說法太不親切，一般台灣人都很親切的。

從常用推銷到新聞報導，我有理由說我們活在一個連陌生人都自認有權利問別人私事的文化中。這或許有其優點，但我並不欣賞這種文化所造成的人際界線混淆。不久前，一位少女才問我，她害怕到不敢去上學該怎麼辦？因為模樣清秀可愛，常常有男生追求她。「例如請我吃飯，我說不去時，男生就會變一種口氣，逼問『為什麼？妳總要吃飯啊！』我不知道怎麼解釋。」層出不窮的社會事件，一方不想交往時，另一方一定要逼人給解釋，偏偏解釋什麼他都不接受，還堅信自己有理由攻擊或傷害這個不接受「付出」的人。

我們不在意的、小小的人情風俗，可能是醞釀我們在意的大事的背景磁場。一邊任憑賣場售貨員或電話推銷員問東問西超過隱私的界線，還客氣地盡量解釋，一邊卻要教我們的孩子失戀時不要逼迫對方，不要生氣，不要釀成悲劇。其間有沒有微妙的矛盾呢？

不夠好也可以

草率而固執的「肯定」，往往是對細膩感受的忽略，隱藏著自戀的殘暴，會讓孩子落入無邊際孤獨。

在挫折與威權中成長，聽著「囡仔有耳無嘴」的一代，已經為人父母。有能力安身立命的，得以根據新的信念培育自己的孩子——尊重、平等、開放、鼓勵與肯定，這些孩子如今已是青少年或年輕成人。他們普遍擁有更好的創造性，更敢夢想，不拘泥於階層，有理想有正義，能夠取用許多上一代失落或被扼殺的力量。但是，他們所背負的壓力，卻也超乎想像。

我反對任何否定孩子的做法。然而，強調「全面肯定孩子」的父母，不一定瞭解「肯定」的真義。這種疏忽，正在廣泛地影響年輕世代。

總是很焦慮的大男孩說：「我不知道我為什麼總是感到不安。好像有什麼事要發生一樣。輔導老師說，我爸媽應該是很嚴厲，拜託，她完全猜錯！怎麼說……例如，我小時候不知怎的，常常會把冰淇淋掉在地上時，我媽也會稱讚：『平衡很好，沒有弄到衣服！』然後自己很忙的在那裡擦。」

常打電玩，跟老師說活著不快樂，在網路上組織「死之論壇」的獨生女，在母親的苦苦哀求下，答應和父母參與一次家庭諮商會談。兩個治療師試著從各方面詢問他們的生活與感受，幾度邀請回應，女孩只是低頭滑著手機。年長的男性治療師，語氣溫和地對女孩說：「妳不樂意跟我說話，是嗎？」女孩似乎正要抬頭，但父親立刻代為回答：「她在弄線上遊戲，她們有一個隊，隊友在進展時她一定會跟進，她是個責任心很強的人。」於是女孩又繼續滑著手機。

治療師表示想要瞭解父親此時的感受，父親說，很擔心治療師的問題讓女孩感到受指責。「平常我們都很尊重她的自主性，例如她媽媽很擔心她半夜玩手機到三四點，睡眠不足，我們也只是說說，不會用任何規範的手段。」

如此小心翼翼的父母，非常困惑女兒為什麼不想活。「我們常告訴女兒，不用有壓力！我們不會要求她的成績，也沒有什麼一定的家規。父母都是她的朋友，只要她快樂就好！」

當時，非常資深的、阿公級的治療師，語重心長地說：「您們不是她的朋友，而必須是她的協助者、支持者和輔導者。」

愈來愈多的父母，無法忍受教導孩子時，必經的「暫時性張力」，他們害怕如果與孩子意見相左的話，孩子會討厭自己或討厭父母。但真正的肯定並非如此膚淺。當孩子心愛的冰淇淋總是掉在地上，即便大人沒有責罵，他自己還是會感到不安，他需要大人肯定這個經驗本質的挫折感，進而幫助他學習更穩定操控手部肌肉的方法，而不是否認挫折，說一切都沒問題。就像那位女孩，內心是網路世界填不滿的空虛，或許她需要父母承認她的生活有不愉快之處，但這正挑戰了父母作為完美父母的自戀。於是，一廂情願的肯定成為一種防禦，「我的孩子很好」成為「我是好父母」的盾牌。

草率而固執的「肯定」，往往是對細膩感受的忽略，隱藏著自戀的殘暴，會讓孩子落入無邊際的孤獨。與孩子一起承認挫折，承認某種現有能力的不足，承認某些事現在無法勝任，但同時維持著希望與信任，幫助孩子面對不足之處，相信「不夠好」並不是災難，只要願意，永遠有機會能發展出新的能力。這才是深層情感的肯定。

V 時尚心情

鉛筆裙

與其說鉛筆裙是女性束縛的象徵，不如說它象徵著自由和束縛之間的矛盾。對於矛盾，女人擅長兩邊都要。

英國女性很喜歡穿鉛筆裙，至少比日本女性喜歡。日本 Office Lady 的甜美風，A字裙或波浪圓裙，在倫敦不太行得通。在台灣的百貨公司尋覓鉛筆裙並不容易，店員多半會說有啊，可是拿出的卻只是「短窄裙」而不是鉛筆裙。嚴格地說，鉛筆裙的長度必須到膝蓋，下襬要稍窄。有些有開衩或打褶，便於行走。但在我眼中完全沒有開衩或打褶的才是經典鉛筆裙。

穿鉛筆裙時，雙腿是被束縛的，步伐的距離要小。加以長度及膝，除非小腿很長，得搭配高跟鞋才不會顯得腿短。對於嫌麻煩的人，鉛筆裙根本就是一件行動約束衣，可是喜愛的人卻很享受其中的複雜。例如，小步小步快走時，有種「在束縛下行動」的奇怪抗爭感。並且，這種裙子的剪裁只能完全合身，沒有商量的餘地。如果身材胖瘦變來變去，就要經常修改，變化幅度太大，就得買新的。這可以說是自找麻煩，但卻也是一種與身體緊密配合的習慣。不要說胖一公斤，只需要幾天不去跑步，下半身脂肪的位置狀態有些微改變，鉛筆裙就會清楚地反映出來，像一個模子對麻糬說：「妳走樣了。」

追求自主的女性應該反對鉛筆裙？因為它束縛女性的行動和體型？這

當然沒錯，但又似乎過於簡化了。在服裝史上，與其說鉛筆裙是女性束縛的象徵，不如說它象徵著自由和束縛之間的矛盾，就像前面說的，女人常常是「在束縛中行動」，但又不完全除去束縛，有時是除去束縛的時候未到，有時是不想除去。對於矛盾，女人擅長兩邊都要。

據說鉛筆裙的前身是下襬被束起來的長裙（hobble skirt），這個名稱指的就是「妨礙行走」（我就翻譯為「惑步裙」吧）。巴黎服裝設計師 Paul Poiret 是設計這種「惑步裙」的鼻祖，傳說他是受到哈特・歐・伯女士（Mrs. Hart O. Berg）的啟發——她是史上第一個坐飛機的美國女性。她看見威博萊特（現代飛機的發明者萊特兄弟中的哥哥）在法國的一場飛行表演之後，深受震撼，因此要求萊特載她體驗飛行。一九〇八年，她搭上當時的新發明飛機，用繩子把長裙在小腿下方綁起來，以免裙子被風吹翻起來。下機後她在眾目睽睽下這樣綁著裙子走了一段路，那模樣就家喻戶曉了。

我很喜歡這段有趣（即便可能是穿鑿附會）的典故，不管設計師到底是不是因此激發出惑步長裙的靈感。在那個年代大膽要求飛行，此舉並不受限於女性的角色。但哈特也沒有為此穿上男人的裝束，而是以一般的女性衣著，坐上沒有殼而風會很大的飛機。當她把代表女性的長裙綁起來，起飛，那既是一種順應，但也是一種不羈——我要做穿裙子的女人不方便做的事了！

對於社會角色中的束縛，現代女人的解法不再只有一種。野心勃勃在職場上競爭的女性，為什麼沒有拋掉鉛筆裙這種東西？滿街追求醫美的女人，難道就是順從的？她們想要什麼其實很複雜，不見得跟在台上演說性自主的人那麼不同。女性的身體和性感，可以是被物化的悲哀，也可以是扎扎實實的影響力。如果男人不能進化為欣賞女人的智力和魄力，女人就不會放棄性和身體的影響力。

妳還在笑鉛筆裙惑步，說那些女人甘於走不快走不遠？

當女人想的是飛，走路算什麼！

現在流行不乖

最有資格告訴我們不乖是蝦米的人，大多沒空或懶得跟我們講話。或者我們根本沒機會聽到，或者我們聽不懂。

想和大家來談不乖。

要認真談不乖的話，必須先交代事情發生的背景（即使談不乖也得按照論文順序書寫的老派）……

有一個專欄，原本不管我亂寫什麼都可以。日前收到編輯大人來信，說今後雜誌每期都有主題，本期主題是【不乖：不一樣又怎樣】，主旨是【每個人都一樣才安心？能不能不一樣？完美太無趣，不按照常理才是最迷人】希望各專欄能夠配合主題延伸。

咦？是陷阱題嗎?!我在臉書上自問，「我應該乖乖地寫不乖，還是不乖地寫乖？」以下是朋友們睿智的回應：

「妳若不聽指示，繼續亂寫其他主題即為不乖。若主編照登，表示主編真的能夠寬容不乖，不乖在社會上果然有機會存在。若主編堅持規定，那談不乖就是玩假的，其實並不能認同不乖。而且，不乖本來就與完美無涉，是對強制性常模的反叛。」這是歷史教授的點評。

「直接回主編：我向來不乖，天馬行空才寫得好，按照主題寫太無趣，寫不出來。」這是我的高中同學。我好想叩她的頭：「妳也太乖了吧！不乖還要解釋？」

「妳喔，本來很乖，一被說要乖乖，馬上變壞。」

「嘻，你怎麼知道！我正想寫『孝道的重要』……」

「妳就是：『不』乖（這『不』作動詞用）。潛台詞是：我原本就乖，但別叫我乖。」

這位真是我的知己。

但，更瞭解我的同學在這裡：「妳現在滿腦子只想吃五香乖乖！」

有人提醒我：「喂，妳公然這樣寫，會不會很尷尬啊？編輯會以為妳不高興在發牢騷？」

欸欸！這樣對不乖認真反思著的我，怎麼會不高興呢？主編大大請千萬不要跟我說「不好意思規定您寫這主題好像讓您不高興造成不便請見諒」，把不乖的人都說成是不高興或在鬧脾氣，這是不容許不乖的典型反應！例如，青少年不照爸媽的意思，爸媽就要問「你是哪裡不高興？」難道孩子沒有情緒問題，就不能不照你們的意思嗎？或者說，不照你們的期待做事，難道就是有問題嗎？再者，人家也並沒有感覺不便，純粹只是沒有照辦的動機，並不是辦不到或有什麼不便。把不配合的人都說成是能力不足，也是不容許不乖的另一種典型反應。

心理師同事說：「傻瓜，在測妳是不是人如其文啦！」果然，這是無論怎麼寫都會被挑剔的不可能任務！如果我寫不乖，就是很乖，沒有說服力。如果我逕自寫別的主題，做出不乖的行為，其實是用行動配合主題，仍然很乖……簡直是如來佛的掌心，主編您也太厲害了！

結論是，不乖，根本不適用乖的討論方式。只要腦子裡還有不乖這種相對性的想法，都還是太乖了。在這寫了半天的我當然也是。

以為可以很酷地談不乖嗎？如果沒有一群乖乖按著題目交稿的人，就不會有一期『不乖』的刊物可以看。在正常管道中寫不乖的人基本上都還是乖的。最有資格告訴我們不乖是蝦米的人，大多沒空或懶得跟我們講話。或者我們根本沒機會聽到，或者我們聽不懂。

我很慚愧地察覺，我大概是這期專欄作者中最認真探討不乖的人。

愈想不乖反而愈乖。

總之我想真誠地對大家說，不要輕易以為我們能談不乖或鼓吹不乖或反對不乖。境界之高深，人性之複雜啊！所以，我只敢說，這篇文章是我對「不乖的想像」。

附註一：請不用指教（我沒有要乖乖寫好的意思）

附註二：以上語錄被引用的朋友們，稿費沒有要分給你們，有空一起來吃乖乖吧！

王妃的個性

現代王妃有錯當然會被攻擊，而無懈可擊竟然還得被批評沒有個性。如何當個被欣賞的女人，真是愈來愈微妙了。

這年頭什麼樣的女人才會被欣賞？

「英國王子妃凱特被批評」，國際新聞出現這樣的頭條。曾獲英國圖書布克獎的女作家曼特爾（Hilary Mantel）在大英博物館一場主題為「公眾眼中的皇室女性」的演講中說：「凱特密道頓被選為王妃，似乎是因為她沒有可挑剔的錯誤，不忍卒睹無敵瘦，沒有任何古怪或特異之處，沒有任何冒出個性的風險」、「她的樣子像是上了透明漆，有一副完美的塑膠笑容」、「她的出現總是精準而機械化，與黛安娜完全不同，黛安娜的一舉一動充滿了人性的樸拙，溢漏著豐沛的情感」、「凱特已變成一個掛著破布的組合娃娃，像是櫥窗裡的假人，沒有自己的個性，只能由衣著定義她是什麼」、「這個年輕女人的人生至今毫無意義，唯一的目的不過是生孩子」。

雖然發言人強調曼特爾用意不在攻擊凱特，而是同情皇室女性受到的束縛，但這些字句畢竟是毒舌到極點。現代王妃有錯當然會被攻擊，而無懈可擊竟然還得被批評沒有個性。如何當個被欣賞的女人，真是愈來愈微妙了。

逐一回想《後宮甄嬛傳》中的娘娘們、曾患憂鬱症的日本太子妃雅子、各國的第一夫人和背負公眾角色的女性……果然，不知從何時開始，「有個性」已經變成贏得人心的必備條件了。

一個具有指標性角色（如王妃或第一夫人）的女人，不再能靠著柔順、規矩、黃金比例的外在美和相夫教子的內在美，就獲得眾人的信服與讚賞。乍看之下，如此的演變似乎令女人雀躍，但是，那些傳統的女性典範，真的已經被揚棄了嗎？只要有個性、做自己就可以嗎？

首先，會被推崇的「個性」，其實是「有點特異但又不能太特異」，並不能真的偏離社會規範太遠，更不能傷風敗俗，不能太逼近邊緣。再者，如果凱特打從骨子裡就是個乖乖女，她就是喜歡主流不出錯的衣著，看不懂Vivienne Westwood的前衛時尚（據說這位設計師說凱特的時尚品味不配穿她設計的衣服），難道這樣就不算有個性嗎？她不也是在做自己嗎？

我認為這位作家對王妃的批評路數，只是把對女人的期待，根據潮流更換指標而已，以前的指標是含蓄、順從、生育，現在的指標是特色、主見、自由……但意義並沒有改變，還是用著某種「主流價值觀」品評女性。就像不久前我聽說一位男性拋棄髮妻投奔一位剽悍的小女友，理由是：「太太很柔順，什麼都配合我，我發現跟會表達自我的女人相處比較有感覺。」妻子周邊的親友居然都說：「妳的確是太傻，跟不上時代，要學學現在女孩的厲害！」這種事難道是她的錯嗎？於是有個性比從眾好，有表達比柔順好……說來說去還是有好壞標竿要追隨，批評的權力只是從一群人手中交棒到另一群人手中，從皇室禮官到獲獎女作家，從婆婆媽媽到媒體大眾，女性做自己的空間真的擴大了嗎？

或許因為我也看不懂 Vivienne Westwood，從小就喜歡沒型的長頭髮，欣賞經典沙漏版型勝過不對稱的未來感，認為讚美無論如何都勝過毒舌，所以有這樣的不平之論吧。除非凱特本來不是這樣，是被皇祖奶奶逼迫的，像雅子妃被迫壓抑自己的潛能而抑鬱寡歡，不然每個人都應該有權照自己高興的方式過活，如果自由、解放、時尚一一變成主流的壓力，不就反而比什麼傳統都更霸權嗎？

盛裝的距離

不論是聯誼約會、或是一般職場，在穿著上保留恰到好處的輕鬆感，才是與人拉近距離的祕訣。

從事心理分析的同事從瑞士學成歸國，在精彩的分享會中，有人提問：「蘇黎世的心理分析師和其他學派的有沒有甚麼不同？」除了專業理論之外，這位同事特別提到了穿著打扮的差異（女人總是對此觀察敏銳吧）——她說，根據多年的觀察，盛行於美國的S派心理治療師，男的總是西裝筆挺，女的則穿著窄裙套裝，非常地"Office"，而蘇黎世的J派治療師風格就完全不同，喜歡穿著「那種一大塊布中間割個洞」的鬆垮棉衣。

光是從衣著上，就可以看出美國S派心理治療比較強調專業權威，而蘇黎世的J派特別重視案主的自發性。不需深談理論，兩者的差異竟然就表現在衣著上！穿著打扮果然非常重要啊！（也難怪本書有時尚這一章……）

我想起多年前尋找精神分析師的經驗。這個行業的學生必須親自體驗被人長期分析是怎麼回事。初到倫敦，我找了一家頗負盛名的大學心理學院，預約當天，我滿懷期待地走進晤談室，見到那位原本以為會長期相處的女性心理分析師。她穿著黑色的緊身洋裝，黑色高跟鞋，妝容時尚，胸前有顆亮亮的小鑽石。感覺像是在摩天大樓企業總部上班，辦公室有整面落地窗的那種高階主管。我面對著她坐下，雖然她的態度溫和，問的問題也非常標準，我的腦袋卻一片空白，總覺得無法暢談心思感受。我發現問題出在她的黑色絲襪——不，應該說是裙子，實在太短了！每次她換腿交叉時，似乎隱約可以看見裙底（就是莎朗史東經典的那一幕）。身為女人，我對她的裙底絲毫不感興趣，但好像忍不住替她擔心走光那樣，無論如何都無法將視線移開她的大腿。那次晤談結束之後，我就逃之夭夭了。

後來我找了另一個學院，心想治療師都這麼可怕的話，我就不玩打包回家了。還好這次的女心理師穿著輕便的長褲和襯衫，搭配居家清新的淡妝，對照之下，覺得她好像天使姐姐般地令人安心。

根據服裝心理學，在需要與人互動的場合中，「全副武裝」的精緻打扮雖然完美，卻難免給人強大的壓力，容易使別人本能地採取防衛，或以老練世故回應，或因相形見絀而保持距離，總之絕對不利於交心深談。不論是聯誼約會、或是一般職場，在穿著上保留恰到好處的輕鬆感，才是與人拉近距離的祕訣。在意顧客心理的行業，都會有一番穿衣哲學，至於日常生活，就得靠個人琢磨了。說不定女人很多時候真的是敗在衣著上，但不是太糟反而是太好哩！

（真的嗎？這只是懶女人的藉口吧?!還是請您自己決定吧！）

禮物的品味

自己挑東西的品味，如果需要靠分手男友愛用才能有信心的話，也未免太可憐了。品味夠好就不會挑錯男友。

這好像是一件很小、很小的事，但又確實困擾著某些人。

「分手後，對方送的東西怎麼辦？」

「吭！分手後還送你禮物？」那不是分得不乾不淨嗎？

「不是啦！是之前送的禮物，例如，很昂貴的！總不能丟掉。不用好像很可惜。用著好像又代表什麼……你說，那有沒有代表什麼？」

繞著圈圈說了半天，原來以前交往時，她很熱衷於協助男友，常幫他打點行頭，他的手錶、車子都是她送的奢侈品，較好的西裝、衣物、皮件也都是她買的。後來兩人關係惡化，經常冷戰。她覺得他太被動太冷淡，從來不會花心思經營兩個人的生活，跟她為他所做的差距很大。他總是靜靜聽著像一個悶葫蘆。頂多說句很抱歉，我個性就是如此，不知道要如何讓女人開心。最後他們協議分手。

雖然看起來是她主導分手的，但卻有一段時間，她暗自等著他來懺悔挽回。幾個月過去了，他並沒有試圖聯繫過她。「老實說，我很驚訝！我以為他會眷戀，或者失去我會讓他稍微反思一下，想想他在感情中實在太懶惰了。結果竟然一點都沒有。看起來他還是如常度日，好像連一點失落感也沒有。」

有一天，她看見他前往一個重要場合，從她買的車上走下來，穿著她送的西裝，腕上是她送的名錶閃閃發光。她突然被強烈的感受席捲。

「我不知道那是什麼感受？他仍舊用著我送的東西，我一方面很生氣，想到自己花了那麼多錢，如今剩下什麼？喔，你別誤會！錢只是個象徵，代表的是我愛他時那麼用心，他只要抱怨一句車子不好開，我就把自己計畫中的花費改成買車給他……這樣一方面覺得自己好傻，別人其實不太在乎我嘛。可是，另一方面，又覺得有點高興，他是不是還想著我？所以還願意用我的東西？或者，至少他仍然肯定我的品味。」

我想起曾經聽一位男性說過類似的事。他在酒店認識一位小姐，她說想要某一個名牌包，因為上班時沒有好包被同事看不起。他有點心疼地花十萬塊買了。可是不久之後，他覺得那小姐對自己沒什麼用心，就不再往來了。他很想把那包包要回來。朋友們笑他，既然送了哪有要回來的，這樣沒有男子氣概。結果他忍住了沒有去要，但扎實地罵了幾句ㄡㄡㄡ。

我沒聽男人說過看前女友繼續用自己買的奢侈品會覺得很浪漫的，或許有這種感覺，但我真的沒聽他們親口說過。女人就聽過了，沾沾自喜地看著前男友穿自己送的衣服挽著他的新女友，還說有勝利感。

既然是為對方買的東西，能物盡其用當然很好。要回來自己又不能用，送給新男友的話，總覺得，新戀情會不會重複舊有的霉運啊？至於自己挑東西的品味，如果需要靠分手男友愛用才能有信心的話，也未免太可憐了。品味夠好就不會挑錯男友，戀情都挫折結束了，倚靠這一點小徵兆安慰自己，又有何用呢！還不如專心增長智慧，讓品味再晉級吧！

穿窗簾的尊嚴

心被愛人刺傷時，自尊的碎片裂口尖銳，無法踩踏，因此無法回頭，於是女人身不由己地投入絕望之境。

為了準備大型的舞踊演出，需要一件練習用的及地和服外褂。相較於會使用和服外褂的傳統日本女性，我大概是異常的高，到處都找不到長度足夠的。巧手的母親說不要擔心，一定幫我變出一件來。我滿腹狐疑地期待著。見著成品那一刻，不禁莞爾——母親在一件長度不夠的和服外褂內面，重新鋪縫寬大的下擺，哪裡找來這般份量的布疋呢？仔細一看，才發現那是家裡的窗簾！

披著窗簾新衣，我想起經典的電影情節，綠色的窗簾，綠色的洋裝，綠色的眼珠。《亂世佳人》中的郝思嘉，為了保有家園陶樂，在瀕臨破產時，只得向富裕的瑞德尋求資助。即便是要借錢，她還是堅持要打扮得美美才能見白船長……於是便出現扯下窗簾作新衣的經典。

第一次看《亂世佳人》的時候，還是個小學生，不知怎地，這一幕特別令我印象深刻（嚴格地說，印象最深刻的當然還是白瑞德攬著郝思嘉的纖細腰肢，火焰般俯吻而沒有把她摔到地上的那個海報鏡頭）。日後每次聽到別人引述，都說是「為了借錢一定要看起來體面，不然人家怕你還不了就不借了」。這或許是借貸心理學的經驗之談，但我感受的卻是與此完全不相干的理由和心情。如郝思嘉一般的女性，去見一個風流倜儻卻無法擺佈的男人，怎麼可能不精心打扮？為家人借錢是合理的藉口，無論如何在他的眼眸中映照的自己，一定要美麗絕倫！這才是女人的祕密心情。

思嘉佯裝高貴卻被瑞德識破，他握著她佈滿粗活傷痕的手，質疑她說的想念都是謊言，若非有求於他，根本不會來訪。思嘉憤怒地離開，旋即搶走妹妹的未婚夫，為了成為老闆娘而結婚……

真的是因為錢嗎？甚麼能讓一個女人決心嫁給一點都不愛的男人？

惟有愛人才有這種影響力，不是嗎？金錢或其他理由，不過是用來說服別人或自己的障眼法。心被愛人刺傷時，自尊的碎片裂口尖銳，無法踩踏，因此無法回頭，於是女人身不由己地投入絕望之境。

如果我在你的眼中不再美好、不再值得尊重，與毀滅何異？

這麼想的一刻，自我消失了，意義的世界崩解。既然沒有自我，做甚麼都無關緊要，也沒有差別。

多少人如此在精神上殉情，徒留軀殼在俗世間無感空活。

郝思嘉最大的災難是不知道自己真正愛誰。追逐著那位軟弱的艾希禮，拚命幫他照顧老婆家人。所有人、連小學生都知道嘛，她愛白船長（而我們愛鐵船長……）真是災難啊。

寓意？那當然是：不要隨便以為妳不愛那個讓妳想穿窗簾的男人——如果有這樣一個人的話。

對了，還有，快要忘記自己的尊嚴時，不要忘了會幫妳車窗簾的，媽媽的期待。

羽毛衣的顏色

想被看到與不想被看到，如何被看到，想被注意外在、還是想讓人忽略外在因而更能看到我們的內在……

倫敦人喜歡黑色的程度，不是時尚理論可以解釋的。雖然世界各地秀場和指標雜誌呈現的時裝趨勢都與街頭實像有所落差，冬季倫敦的黑實在是讓人歎為觀止，完全無法連結他們前衛設計師許諾的興奮。

色彩是一種語言。我記憶中一幅鮮明的畫面，是蕭瑟的冬季，日本九州的小鎮，枝葉光禿禿的，一身亮紅的女孩帶著小狗奔跑，裹著紫色披肩的奶奶在後方不遠處慢慢跟著。那突兀的色塊雖然說著「我是在成衣工廠合成的」，在此景中並不喧囂，而是展演著人類與自然之間妥協與不妥協的微妙關係。不過，每回冬季造訪倫敦，在這個自尊高傲的大都會，色彩彷彿是有罪的。買件新大衣嗎？很好。今年要買什麼顏色？當然還是黑色呀。地鐵站出口，綴滿耶誕燈飾的牛津街，年度體育代表人物頒獎典禮，都是一片黑壓壓的。黑色，是低調，是品味，還是遮蔽？每天都穿的一模一樣，不會很無聊嗎？

近年某家日系品牌銷售的輕量羽毛衣席捲世界，如果該公司統計不同城市的顏色喜好，應該會是個有趣的文化研究？在台北的賣場，我聽見：「買亮色的比較年輕」，橘色、紅色、寶藍、螢光綠都常出現在街頭。但在倫敦的賣場，缺貨的永遠是黑色和深灰，英國友人說：「穿那些五顏六色的會很像老祖母！」

穿著是個性，而我是那種收拾行李時，明知要到倫敦，偏要塞進幾件白色或粉色的人。是「為什麼不能有變化」的叛逆？不過，我們的年代，最叛逆的人好像都穿黑色。是文化認同相異的焦慮？或是日台韓系風格與不列顛的過渡衝突？每次的結果也都一樣，到這裡的前幾天還固執地穿上色彩，但在街上最終還是受不了自己與背景色的差異，第三天起就只穿黑色大衣黑色靴子，剩下圍巾還能有點花樣，其他都原封不動又扛回台北，在秤行李時告訴自己下次別再做這種無謂的嘗試。不過，下次，在台灣住個半年，又一定會回到色彩模式。

我買羽毛衣的時候，總會想起一位長輩的叮嚀。第一次要遠征北國，少女的我在雪衣專賣店愛上一件白色，長輩慈愛地說：「要買有顏色的喔！最好是大紅吧！」「為什麼？」「那個，萬一在雪地裡失蹤，搜救隊才看得到妳啊！白色最危險了，等於不見。藍色跟天空一樣，萬一在懸崖邊就看不出來。咖啡色，妳就成了一根枯枝嘛。」於是我的第一件羽衣就這樣從雪女透明的白變成搜救隊一眼就能看見的紅。

現在我已經很少穿大紅大綠了。除了有時錄影配合布景之外，坐在心理治療師的高背椅上，還是大地色系感覺比較療癒吧。根據前述羽毛衣原理，一直偏愛鮮豔色彩的人，是不是始終有著存在焦慮呢？想被看到與不想被看到，如何被看到，想被注意外在、還是想讓人忽略外在因而更能看到我們的內在……

衣服的色彩，這樣為人們的個性服務著。

頭髮和魔法

不同年齡，美的方式需不需要改變？抗拒因年齡改變造型，始終用一樣的方式打理自己，結果會繼續美麗，還是變得不美？

「四十歲以上的女人就不該留長髮了，怎麼弄都沒型」，這句話不知從何時來自何方印進了我的腦中，最近經常嗡嗡作響。勉強回想的話，應該是某位公認有型的影藝圈大姐在後台梳化時說的。當時正滿足地大嚼香噴噴炸排骨的我，吃了一驚，偷偷從鏡子裡張望——誒，是在說我嗎？這麼直接喔？所幸當場有好幾個四十多歲仍眷戀長髮的女人，讓我可以若無其事地繼續吃。不過除了髮型，那天我還發現，在場四十歲以上的女人只有我吃排骨便當還整個吃完的。

為什麼四十歲以上就不該留長髮？很多女人不同意，心裡嘀咕：「年齡不是絕對的，我有一顆年輕的心！」「人家都說看不出來我有四十。」「女人老了就不能這樣不能那樣，這觀念太傳統了！」「女性要解放！」以上我都可以附議，除了一種說法：「誰說女人過了四十就沒有愛美留長髮的權力！」我認為這句話本身是對的，但不能作為堅持留長髮的理由。

女人當然愛美，不僅四十歲愛美，我阿媽九十歲蝸居在家時，每天還要抹粉底。「給誰看啊？阿媽！」「給阿孫妳看啊！」美麗是歌頌生命的最高敬意，誰不願一直美到闔上眼睛。但是，不同年齡，美的方式需不需要改變？抗拒因年齡改變造型，始終用一樣的方式打理自己，結果會繼續美麗，還是變得不美？

中年女人演繹美感的能力，或說技藝，需要比二、三十歲時更高超。我絕對贊同拒絕年齡標籤，但只因「還能穿上少女服飾」就沾沾自喜的高齡女性，給人的感覺可能是「不忍卒睹」。四十歲的女人，就算很精瘦，就算臉部打滿了肉毒桿菌、玻尿酸，遍經雷射脈衝光而毫無瑕疵，細看身形比例，終究與二十歲時不同。例如，同樣的體重，因為荷爾蒙的變化，手臂、臀部線條的弧度仍會不同。再說，中高齡女性眼神的深度、舉止的從容、言語的韻致，本不該是少淑女服飾的設計所能烘托。要認識這些事實、尋找最適合的方式繼續展演美麗，需要認老卻不怕的心境與活力，真心喜愛現在的自己，而不是停留在少女夢中否認歲月就可以的。

那髮型呢？

我到兩年前都仍留著長髮。我可以一眼從衣櫃中認出應該轉送年輕朋友的衣服，質料剪裁都好，但不再適合我的生活角色。騰出空間讓更適合現在的新衣服呼吸跳舞，就像對青春回憶鬆手，為心靈騰出擁抱現在與未來的空間。聯結著重要回憶的衣服，第一次約會時贏得甜蜜之吻的夢幻洋裝、帶著長輩祝福而突破某個事業階段的黑色套裝……我會送進衣櫃的珍藏區。既是珍藏就不能太多，絕對是百中選一。但我遲遲無法以同樣的睿智一刀剪掉長髮。

被長髮公主的童話催眠過嗎？剪掉長髮就會失去魔法哩。愛的魔法。若是在精神分析中談起，分析師一定會要我追溯生平短髮的時期。想想的確都是有點失落或不在愛裡的時期——與父母分隔的焦慮童年、被教導不可以想男生的青春期、無比努力卻還是失戀之後，還有一次道不同不相為謀的轉職期，以及在美容院如土匪般昂貴的國家留學時。

當這一切終於都陳釀飄香以後，魔法就不再侷限於頭髮了吧？不再需要依賴魔法的時候，才是成為一個真正有型的女人的時候。

情意的裸妝

沒有絲毫假裝的世界，並不是裡外甜蜜的糖果屋，那裡更該是刀光劍影，落石荊棘，或許還會被自己的倒影驚嚇。

裸妝，是有化妝，但化得讓人看不出來。

裸穿，是有穿，但讓人忘了注意衣服，只看到妳。

這是當今潮流，刻意做得像是不刻意一般，其實比刻意還要刻意。

時尚總是反映著人們的心態，「裸」時尚背後存在著對「裸」情感的嚮往——人們到處呼喚純真，嘉許原我的表露。世故與作態不只不討喜，已經被裁決為出局。

然而，在這樣的呼聲中，我們究竟得見幾分真實？所謂「我很直白」「我不懂禮數」「想到什麼說什麼」，如此聲稱的人真的清澈見底，還是熟諳心理上的裸妝技術，擅長「裝」成沒裝的樣子？

假，一定是不好的嗎？

若是以「我不假裝」作為武器，妄語任性，毫不考慮別人的感受，舉凡禮貌、客氣、尊重等等文明的作為，都被丟進「假裝」的籮筐，一腳踢得遠遠，省事又省力？其實，粗魯與直白往往只有一線之隔。

「妳可以談談『假裝』嗎？人與人之間太多假裝，顯露真正的情感吧！」

這個夢想說來美好，期待人人都顯露真正的情感，於是不會被欺騙，也不需掩飾自我。但是，剝開層層偽裝，逼問內心，妳真的想要別人真實以對嗎？如果別人的真實不是妳喜歡的，妳能夠包容嗎？敢於面對嗎？

大部分人追求的真實是有條件的。猛烈追求的女人對閃閃躲躲的男人說：「別再逃避你的情感，對我說出真心話吧！」男人寧可躲藏也不會說出真話。如果真話是「我也好喜歡妳」，根本就不會演到這裡，早就說了。不能說的是「我沒那麼喜歡妳，但妳若聽了不是暴走就是想死，不然就是不相信，總之妳不會好好接受我的事實。」

這一端，我們都不希望被假裝的情感欺矇。人們多半能察覺假裝，只是缺乏面對的勇氣，寧可協助對方繼續欺騙自己。到了連自己也騙不下去的時候，才責怪對方不夠誠實。另一端，假裝的人，一定有理由，假裝愛，為了得到愛。假裝不愛，為了怕被看穿、被奚落或被拒絕。

假裝可以是欺瞞，也可以是保護。有所圖而假裝的喜愛，是包藏禍心的糖衣；怕傷人而假裝的婉轉，卻是在利刃外加上的護鞘。沒有絲毫假裝的世界，並不是裡外甜蜜的糖果屋，那裡更該是刀光劍影、落石荊棘，或許還會被自己的倒影驚嚇。

除非準備好接受好的也接受壞的，隨口嚷嚷真實，只是在呼求一種簡單。揀選看似純樸的人，將之理想化，賦予正義、誠實、真善美種種使命，我們在政治人物、藝人、創作者……各種形象代表者的起落中看見如此的集體焦慮：期望什麼都不用做也能被愛，害怕什麼都做了還是被否定。

真正赤裸的世界，豈是脆弱的我們能夠承受？我們要的，或許該說是一種「裸情」，像裸妝那樣——如果妳的情緒原貌像某些素顏會嚇人，請為我薄敷一層氤氳的香粉，但不要塗得太厚，那又會提醒我，美好妝容下有另一張臉。請剛剛好的、輕輕的，假裝一個美麗的世界。

工作的放電

如果一定要找出個人魅力的通則，或許是不能太正常？

「我離職是因為之前的公司希望我們能夠做到『工作的放電』。」

這位小姐的前公司並不是所謂的特殊行業，那是個正派經營的兒童才藝補習班。

「是要電小朋友的爸爸嗎？請男性職員來電媽媽會不會比較有效？」

「主管說，不只對家長，對合作廠商、鄰居、稽查人員……就連對小朋友都需要的！」

公司主管認為，無論是什麼性質的接洽，個人電力都是一項利器。小朋友?!也對，想想蠟筆小新在娜娜子姊姊跟前多麼乖巧啊！乍聽覺得很新鮮，仔細一想，在職場如魚得水的人，好像都有某種吸引力，只是一般職訓不會如此點明。

「放電」通常讓人聯想到愛戀與性吸引力的範疇，在此範疇之外，更寬廣的人際間，我們習慣稱為「個人魅力」。例如，蘋果賣得好，不能說跟賈伯斯的個人魅力無關，成功的企業家、政治家、藝術家、佈道家，或即便是學者，多具有獨特的個人魅力。個人魅力這個詞還不夠傳神，英語的

charisma 或許更貼切，此字常見於成功人士的傳記中，某字典的翻譯竟然是「教祖般的領導力」！

個人魅力到底是什麼，可以學嗎？

我認為強大的魅力若非天生即是歷練，不易習獲。既是個人魅力，變無通則，非常個人。那並不一定是優點，例如，有一種魅力來自個人的不協調感，好像卡著什麼似的無法放鬆，但卻因此能以一種青春或執著的元素觸動人心，上一個世代的玉女和多位現今國內外被稱為知性女星的都有此特質。極端相對的，另一種魅力卻是內外通體協調才能煥發的天衣無縫感，我曾見到某位穿著皮靴和大花裙，雙腿翹得老高坐在講台上的女性主義祖奶奶，引經據典理論底子硬得不得了，但台下卻如沐春風，有一次她講到一半擤起鼻涕，竟也迷人。再論另外一個軸線，魅力可以來自深厚的體貼，卻也能來自相對的一端——恣意的任性。日本藝術家草間彌生在一部受訪的紀錄片中，不斷抱怨記者的在場擾亂了她的工作，被問及其他藝術家時，她表情嫌惡地說他們的東西都不好。

如果一定要找出個人魅力的通則，或許是不能太正常。

如此，個人魅力有就是有，沒有就是沒有，能夠收放自如嗎？而工作的放電又是什麼？

許多古意的人認為公事應該公辦，「若是相親，我當然知道放電，比方講話時眼尾可以咪一點笑意啊，還是厚臉皮地奉承一下對方，但既是工作上的人，我又不想跟他怎樣！」

所謂工作上的放電，多半還是運用性吸引力的原則吧！只是預設雙方有著不言明的默契，知道關係侷限於工作領域。不過，偶爾遇到分不清楚的，就會演變為亂七八糟的戲碼，客戶買的不知是貨品還是愛情，期待落空時感覺受騙，牽扯到錢財的話，憤怒異常強烈。這就是放電與個人魅力的微細差異，個人魅力兀自存在著，如太陽普照萬物，正常人不會覺得太陽勾引我們因此太陽要負責任。但放電，特別是「工作上的放電」，有目的、有企圖，就像捕蚊拍是鎖定一隻蚊子才按鍵。特別強調「工作」則是預設了不負責任。

把放電當工作的意識或許能夠增進業績，但附帶的麻煩不能不考慮。

有人存心用戀愛的氣氛妝點枯燥乏味的職場，當然容易發展為職場戀情，因為自以為是「工作上的」，也特別容易忘記真實生活中的身分，而發生不倫關係。

放電的效應未必來自「電」的品質，而是「放」的訊號。刻意打扮或穿著比平常迷你的裙子去談案子，如果效果不錯，天真的女性常以為是自己的無敵美腿電暈對方，其實，腿怎麼樣不是那麼絕對，重要的是「我想勾引你」的訊號。能不能如意地使用工作上的放電，趨吉避凶，並非難在有沒有電，而是能不能熟悉這些「交易訊息碼」，至少要知道自己是太陽或捕蚊拍啊！

自己揹得動的行李

不能因為身為女人就預設自己可以豁免於體能有關的任務。積極的做法是，改變機構中以男性為主的思維與設置，創造讓女性也能勝任工作的環境。

出國開會時，每次都是從機場直接搭計程車到旅館，不曾擔心行李重量的問題。這次到北京出差，我又放心地帶了許多教學用的書籍，把箱子裝得滿滿的。第一天從機場上車到旅館，很順利。第三天從一家旅館搬到另一家旅館，也很順利。最後一趟從旅館到機場，要下車時卻出現了很大的問題！

這個問題是：沒有人幫忙，我沒有辦法把行李從後車廂搬下來。我的頸椎受傷，無法單獨搬重物。我很詫異地回想一路的行程，為什麼之前從來不覺得這是個問題呢？原來之前的每位計程車司機都主動幫我在上車時將行李箱放進車內，下車時又幫忙取出，所以我一點也沒覺得困擾。而這趟到機場，上車前是旅館門廳人員幫我放的行李，而此刻坐在駕駛座上，不耐煩地等著我拿東西離開的，是一位女性司機。當時我心想：「對啊！她也是女人，為什麼要幫我搬行李？」但之後又覺得怪怪的，其他司機幫忙乘客搬行李，是因身為男人而幫助女人嗎？還是因為司機的角色通常會包括這一類的協助呢？

如果司機一般不會幫忙乘客搬行李，那我真該好好懺悔，我應該好好地感恩所有搭載過我的司機大哥，讓我竟然以為有隻手幫忙拉行李是常態啊！

不過，詢問幾位男性朋友們之後，好像一般司機大哥也會幫男乘客取行李，雖然沒有明文規定，這似乎是大多數司機對乘客提供的友善服務。於是我不禁想著，那位女司機毫無意願對乘客的行李做任何協助，跟她是女性有關係嗎？因為她拿不動？因為女人不需要幫女人拿重物？還是這完全跟「女人」身分無關？

我在醫學中心工作的時候，常有需要約束急性發作的病人的狀況，如果在場醫護人員中有男醫師，男醫師通常會率先擔負上前制伏病人或搶奪危險物品的任務。第一次遇到沒有男醫師的情況，一位病人手持尖銳的陶瓷碎片，現場只有我和一群女性護理人員，護理長告訴我：「醫師就是團隊中的男人，現在妳是唯一的男人，上吧！」自此我深刻地感受到，和男性擔任同樣的職業角色時，不能因為身為女人就預設自己可以豁免於體能有關的任務。我們可以自我鍛鍊，可以尋求合作協助，更積極的做法是，改變機構中以男性為主的思維與設置，創造讓女性也能勝任工作的環境。但如果消極地因為「是女人」而在任何方面做得比男性同行少，對於有需求的顧客而言，自然會會偏好男性服務提供者。許多女性在職場上感到受限，一方面是公司制度存在著性別歧視，但有時也與這種心態有關。

話說回來，下次出差時，我是否該選擇只搭男性司機的車呢？為了貫徹支持女性工作機會的理念，我不想這麼做。於是，我只好少帶一些東西。這倒是給了我一項啟發：人生，與其揹負太多而等著別人幫忙，不如只揹自己揹得動的東西！

真的可以使用男廁嗎？

追求解放的女人最深沉的恐慌，也是如此嗎？

萬一最後發現自己還是需要男人幫忙？

公共場所的女廁經常大排長龍，不知道從什麼時候開始、忘了跟誰學的，在長長的隊伍中我總不忘觀察男廁的情況，如果一會兒沒人進出，就會試圖去使用男廁。

關於這件事，我讀過很多名教授的文章，他們舉出堂皇的理由，例如，假設某個賣場設有等面積的女廁和男廁，但女廁內只能隔成四小間，同樣大小的男廁卻能設置六、七個便器再加上一個隔間，況且女性如廁時的過程繁複，難怪女廁外面會大排長龍。「這是設施缺乏性別意識，對女性使用者不公平，所以女人使用男廁沒什麼需要不好意思的！」

這觀點絕對有理，然而，根據我的觀察，一群女人要開始進入男廁時，總還是要互相打氣壯膽一下，比方我的姐妹淘就一定要一起喊「攻佔男廁！」才開始動作，好像古代打仗要大喊「衝啊」才能開始往前跑。

在國外旅遊時，往往會逛到很急迫才去找廁所吧？因此更受不了等候。

這回在旅遊旺季的倫敦又遇上這種困境，我面不改色地離開女性隊伍，走進空空的男廁。順利地躲在男廁裡面的小間，我想到每次提起這種權宜做法，總有「淑女」花容失色地說：「矮油！那是男生用的地方耶！不怕髒嗎？」奇怪，同樣是廁所，男人用的會比女人用的髒嗎？這算不算性別歧視？無論如何，只要有第一個女人前進，接著步履輕盈地走出來，其他等得苦不堪言的女性就會紛起效尤。

男性對此的感受如何？我經歷過日本男廁外，年長男性暴戾的目光，好像恨不得把我們切成沙西米，他們大概認為女人這樣很失禮、缺乏教養吧？一般說來，還是台灣男性最友善，我見過不少鼓勵女生先使用男廁的男士，自己則在外面等候。

我曾經在英國的咖啡店遇到一個完全無法忍受這種事的男人，他原本站在一旁，等待同行女性上廁所，看到有個女人試圖走進男廁，他立刻大喊：「妳不識字嗎？門上寫的是男士！」那位小姐聳聳肩說：「那又如何？沒人在用啊！」這位男士竟然慷慨激昂地說：「我不管妳有什麼毛病，這裡是有文明的地方！」在場的女人紛紛交換眼色、扮鬼臉和偷笑，我則在內心讚歎，女權運動的起源地之一，這裡，這男人是不是很懷念從前從前那種男分女歸的美好年代？

愉快地胡思亂想一番之後，我準備走出小間，此時就需要一點技巧了！豎耳傾聽，確定沒有男士在外面，然後一溜煙地閃人，畢竟，攻佔男廁是出於無奈，但若嚇到無辜的男士就太過分了。此時我突然發現，門把好像壞了！一陣恐慌升起，我拚命扳動門把，但它卻鬆鬆的像是脫位，怎麼轉都打不開！我趕緊用理性安慰自己：「沒什麼好怕的，又不會一直被鎖在這裡，這是鬧區，很快就會有男人進來噓噓的！到時只要出聲呼救，他們就會找店員來處理了……」

想到這裡不但一點也沒有安心，反而更加恐慌，呼吸困難、心跳急速、感覺快昏倒了。我終於恍然大悟，我最怕的，不是被鎖在廁所裡，而是在攻佔男廁之後，最終卻得向噓噓的男士呼救。

追求解放的女人最深沉的恐慌，也是如此嗎？萬一最後發現自己還是需要男人幫忙？

無論如何獨立自由，別忘了好好尊重對性別有不同看法的人。

（後記）歲末

一年又要過去了。是回顧的時候，也是展望的時刻。

妳說妳不喜歡回顧……年初的雄心壯志，沒能實現的太多。一月開始的工作，不久就丟了。二月新春買的洋裝，已經穿不下。三月細雨中寫下的詩，仍然停在第一句。四月被愚弄的原委，還是沒弄懂。五月想到還會心酸的那人已成陌路。六月蒐集的記憶原來是無用的包袱。

這不就是回顧嗎？我說。

妳聳聳肩，半閉著眼，用否定的話語描述妳的渴望和需求。妳不願意再說想要成就、想要漂亮、想要友誼、想要愛人。

還有妳生氣。

妳明明看見，很多順利工作步步高昇的人，沒有才能也沒有品格。不少美女不運動也不節食，炸豬排滷肥腸馬卡龍和蜜糖土司，全吞下肚也不礙事。到處都有任性又自私的人被無怨無悔地愛著。一時興起就要男人半夜為她去買冰淇淋，買回來還抱怨口味錯了。

妳說，這世界的真相是，做得更好並不會得到更多。因此只要隨波逐流。何必用任何一絲力氣去活。不是不願意努力，而是發現沒有值得為之努力的人。妳說，不想再為容不下員工才華的老闆工作。不想再為永遠不記得妳穿什麼衣服的人打扮。至於愛情，妳要的是生死相隨，他要的是無憂無慮。妳要的是完全，他要的是自己。

妳戲謔地說，這樣看我能怎麼勸妳。

能怎麼勸妳？為什麼要勸妳呢？這是妳的發現，妳的道理，妳對世界的看法。

做得更好並不會得到更多。愛得更多並不會被愛更多。這個，我也相信。

只是，得不到讚賞，就不想做得更好了？不被愛，就不會想愛了？

那麼妳想要的自己是什麼呢？

有一種信念，能讓人靜心等待，那是相信自己還未看盡一切的謙卑，一再失望之後，還能繼續嘗試開啟未曾探索的門。有一種動力，能讓人穿越痛苦與孤獨，那是對自己真正的愛，期待成為自己所愛的形象，而不是別人所愛的形象。

七月把無用的記憶寫成了清淡的詩，被豔陽融化後透明地吹散。八月感恩母親所賜的生命，承諾愛惜這以苦難造就的身心。九月送給一起跑操場的鄰居烤得歪歪的蛋糕。十月理解了夢裡的馬桶代表什麼。十一月重新回顧自己的小歷史，原諒沒看清的事、挫傷的自己和別人的心。十二月帶著新的領會去旅行，或許終於會遇見讀過同一本書的人。

國家圖書館出版品預行編目資料

不夠好也可以：女人的趣味 . -- 初版 . -- 臺北市：
三采文化 , 2016.9
面；　公分 . -- (Mind map；121)
ISBN 978-986-342-713-1(平裝)

1. 成功法　2. 生活指導　3. 女性
177.2　　　　　　　　105017156

suncolor 三采文化集團

Mind Map 121

不夠好也可以：女人的趣味

作者｜鄧惠文
副總編輯｜郭玫禎　美術主編｜藍秀婷　封面設計｜藍秀婷　內頁排版｜周惠敏
行銷經理｜張育珊　行銷主任｜王思婕
人物攝影｜有騰造相　妝髮梳化｜Younger

發行人｜張輝明　總編輯｜曾雅青　發行所｜三采文化股份有限公司
地址｜台北市內湖區瑞光路 513 巷 33 號 8 樓
傳訊｜TEL:8797-1234　FAX:8797-1688　網址｜www.suncolor.com.tw
郵政劃撥｜帳號：14319060　戶名：三采文化股份有限公司
初版發行｜2016 年 9 月 30 日　定價｜NT$360
10刷｜2020年 3 月 10 日

Perfectly

Imperfect

W o m e n

Perfectly
Imperfect
Women